市制町村制
並 理由書
【明治21年初版】

萬字堂 編

地方自治法研究
復刊大系〔第二三五巻〕

市制町村制 並理由書

〔明治二十一年初版〕

日本立法資料全集 別巻 1045

信山社

明治二十一年四月新定

市制町村制
并理由書

萬字堂

市《し》制《せい》町《てう》村《そん》制幷理《り》由《いう》書《しよ》（四月廿五日官報）

朕《ちん》地方共同《けうどう》ノ利益《りゑき》ヲ發達《はつたつ》セシメ衆庶《もろ〳〵》臣民《くにたみ》ノ幸福《さいわい》ヲ増進《ぞうしん》スルコトヲ欲シ鄰《となり》保《あひ》團結《むすび》ノ舊慣《ふるきならひ》ヲ存重《のこしおもん》シテ益之《ます〳〵》ヲ擴張《おしひろめ》シ更ニ法律《はうりつ》ヲ以テ都市及町村ノ權義《けんぎ》ヲ保護《はご》スルノ必要《ひつよう》ヲ認《みと》メ茲ニ市《し》制《せい》及《および》町《てう》村《そん》制《せい》ヲ裁可《さいか》シテ之ヲ公布《かうふ》セシム

御名　御璽

明治二十一年四月十七日

内閣總理大臣伯爵伊藤博文

内　務　大　臣　伯爵山縣有朋

法律《はうりつ》第一號

市制

第一章《せう》　總則《そうそく》

第一欵《くわん》　市及其區域《くいき》

第二欵　市《し》住民《ぢうみん》及其權利義務《けんりぎむ》

第三欵　市《し》條例《でうれい》

●勅旨

●市及其區域

市制《しせい》

第一章　總則

第一欵　市及其區域

第一條　此法律ハ市街地《しがいち》ニシテ郡《こほり》ノ區域ニ屬《ぞく》セス別《べつ》ニ市ト爲《なす》ノ地ニ施行《しかう》スルモノトス

第二條　市ハ法律上一個人《こじん》ト均《ひとし》ク權利ヲ有《ゆう》シ義務ヲ負擔《うけおひ》シ凡《およそ》市ノ公共事務《おほやけのつとめ》ハ官ノ監督《しまり》ヲ受ケテ

自ラ之ヲ處理《しまつ》スルモノトス

第三條 凡市ハ從來《もとく》ノ區域ヲ存《のこ》シテ之ヲ變更《へんがい》セス但將來《たゞしのちく》其變更ヲ要スルコトアルトキハ此法律ニ準據《したがひよる》ス可シ

第四條 市ノ境界《さかい》ヲ變更シ又ハ町村ヲ市ニ合併《がっぺい》シ及市ノ區域ヲ分割《わけわけ》スルコトアルトキハ町村制第四條ヲ適用《てきよう》ス

第五條 市ノ境界ニ關《くわん》スル爭論《さうろん》ハ府縣參事會《ふけんさんじくわい》之ヲ裁決《さいはん》ス其府縣參事會ノ裁決ニ不服《ふふく》アル者ハ行政裁判所ニ出訴《しゆつそ》スルコトヲ得

第二欵市住民及其權利義務

第六條 凡市內ニ住居《すまひ》ヲ占《さた》ムル者ハ總《すべ》テ其市住民トス

凡市住民タル者ハ此法律ニ從《したが》ヒ公共ノ營造物《つくりもの》竝《ならびに》市有《しゆ》財産《さん》ヲ共用《けふよう》スルノ權利ヲ有シ及市ノ負擔《ひきうけ》ヲ分任《わけもち》スルノ義務《やくめ》ヲ有スルモノトス但特《とく》ニ民法上《みんぱうぜう》ノ權利及義務ヲ有スル者アルトキハ此限《かぎり》ニ在ラス

第七條 凡帝國臣民《にほんのくにたみ》ニシテ公權《おほやけのけん》ヲ有スル獨立《ひとりたち》ノ男子二年以來《このかた》(一)市ノ住民トナリ(二)其市ノ負擔ヲ分任シ及(三)其市內ニ於テ地租《ちそ》ヲ納《おさ》メ若《もし》クハ直接國稅年額《ちよくせつこくぜいねんたか》二圓以上ヲ納ムル者ハ其市ノ公民トス其公費《おほやけのよう》ヲ以テ救助《すくひ》ヲ受ケタル後二年ヲ經サル者ハ此限ニ在ラス但場合《ばあい》ニ依リ市會ノ議決ヲ以テ本條《このきそく》ニ定ムル二ケ年ノ制限《かぎり》ヲ特免《とくめん》スルコトヲ得

此法律ニ於テ獨立ト稱スルハ滿二十五歲以上ニシテ一戶《こ》ヲ構《かま》ヘ且治産ノ禁《しんたいをたてろきん》ヲ受ケサル者ヲ云

第八條　凡市公民ハ市ノ選擧《せんきよ》ニ參與《さんよ》シ市ノ名譽職《めいよしよく》ニ選擧セラルヽノ權利アリ又其名譽職ヲ擔任《ひきうけ》スルハ市公民ノ義務《やくめ》ナリトス

左ノ理由《わけ》アルニ非サレハ名譽職ヲ拒辭《じたい》シ又ハ任期中退職《にんきちうたいやく》スルコトヲ得ス

一　疾病《やまひ》ニ罹《かゝ》リ公務ニ堪《た》ヘサル者

二　營業《なりはひ》ノ爲メ常《ふだん》ニ其市内《しない》ニ居ルコトヲ得サル者

三　年齡《とし》滿六十歳以上《ろへ》ノ者

四　官職ノ爲メニ市ノ公務ヲ執ルコトヲ得サル者

五　四年間無給《むきふ》ニシテ市吏員《しやくにん》ノ職ニ任シ爾後《そのご》四年ヲ經過《けいくわ》セサル者及六年間市會議員ノ職ニ居リ爾後六年ヲ經過セサル者

六　其他市會ノ議決ニ於テ正當《せいとう》ノ理由アリト認《みと》ムル者

前項ノ理由《わけ》ナクシテ名譽職ヲ拒辭シ又ハ任期中退職シ若クハ無任期《むにんき》ノ職務ヲ少クモ三年間擔當セス又ハ其職務《しよくむ》ヲ實際《じつち》ニ執行セザル者ハ市會ノ議決ヲ以テ三年以上六年以下其市公民タルノ權ヲ停止《でうじ》シ且同年期間其負擔スヘキ市費《しひ》ノ八分一乃至《ないろ》四分一ヲ增課《ましくわ》スルコトヲ得

前項市會ノ議決ニ不服《ふふく》アル者ハ府縣參事會ニ訴願《ろくわん》シ其府縣參事會ノ裁決ニ不服アル者ハ行政《ぎやうせい》裁判所《さいはんしよ》ニ出訴《しゆつそ》スルコトヲ得

第九條　市公民タル者第七條ニ揭載《けいさい》スル要件《わうけん》ノ一ヲ失《うしな》フトキハ其公民タルノ權ヲ失フモノトス

市公民タル者身代限處分中《しんだいかぎりしよぶんちう》又ハ公權ノ剝奪《はくだつ》若クハ停止ヲ附加《ふか》ス可キ重輕罪《ちうけいざい》ノ爲メ裁判上ノ訊《しら》問若クハ拘留中《こうりうちう》又ハ租稅滯納處分中《たいなふしよぶんちう》ハ其公民タルノ權ヲ停止ス

陸海軍《りくかいぐん》ノ現役《げんえき》ニ服スル者ハ市ノ公務ニ參與《さんよ》セサルモノトス
市公民タル者ニ限リテ任《にん》スヘキ職務ニ在ル者本條ノ場合ニ當《あた》ルトキハ其職務ヲ解《と》ク可キモノトス

第三欵　市條例

第十條　市ノ事務及市住民ノ權利義務ニ關シ此法律中ニ明文《めいぶん》ナク又ハ特例《とくれい》ヲ設《まう》クルコトヲ許《ゆる》セル事項《じこう》ハ各市ニ於テ特ニ條例ヲ設ケテ之ヲ規定《きてい》スルコトヲ得
市ニ於テハ其市ノ設置《まうけ》ニ係《かゝ》ル營造物ニ關シ規則《きそく》ヲ設クルコトヲ得
市條例及規則ハ法律命令ニ抵觸《ていしよく》スルコトヲ得ス且之ヲ發行《はつかう》スルトキハ地方慣行《ならはし》ノ公告式《こうこくしき》ニ依《よ》ル可シ

第二章　市會

第一欵　組織及選擧

第十一條　市會議員ハ其市ノ選擧人其被選擧權《ひせんきよけん》アル者ヨリ之ヲ選擧ス其定員《きまりかず》ハ人口五萬未滿《みまん》ノ市ニ於テハ三十人トシ人口五萬以上ノ市ニ於テハ三十六人トス
人口十萬以上ノ市ニ於テハ人口五萬ヲ加フル毎《ごと》ニ人口二十萬以上ノ市ニ於テハ人口十萬ヲ加フル毎ニ議員三人ヲ増シ六十人ヲ定限《かぎり》トス
議員ノ定員ハ市條例《しでうれい》ヲ以テ特《すべ》ニ之ヲ増減《ましへらし》スルコトヲ得但《たゞし》定限ヲ超《こ》ユルコトヲ得ス
第十二條　市公民（第七條）ハ總テ選擧權《せんきよけん》ヲ有ス但其公民權《こうみんけん》ヲ停止《ていじ》セラルヽ者（第八條第三項《かう》第九條第二項）及陸海軍ノ現役《げんえき》ニ服スル者ハ此限ニ在ラス

●組織及選擧

●組織及選擧

凡内國人《ないこくじん》ニシテ公權ヲ有《ゆう》シ直接市税《ちよくせつしぜい》ヲ納ムル者其額《たか》市公民最多《もつともおほ》ク納税《なふぜい》スル者三名中ノ一人ヨリモ多キトキハ第七條ノ要件《えうけん》ニ當ラスト雖モ選擧權ヲ有ス但公民權ヲ停止セラルヽ者及陸海軍ノ現役ニ服スル者ハ此限ニ在ラス

法律ニ從テ設置《まうけたて》シタル會社《くわいしや》其他法人《はふじん》ニシテ前項ノ場合ニ當ルトキモ亦同シ

第十三條　選擧人ハ分《わかち》テ三級《きう》ト爲ス

選擧人中直接市税ノ納額最多《おさめだか》キ者ヲ合セテ選擧人總員《そうかつ》ノ納ムル總額ノ三分一ニ當ル可キ者ヲ一級《きう》トス

一級選擧人ノ外《ほか》直接市税ノ納額多キ者ヲ合セテ選擧人總員ノ納ムル總額ノ三分一ニ當ル可キ者ヲ二級トシ爾餘《そのよ》ノ選擧人ヲ三級トス

各級ノ間納税額兩級《りやうきう》ニ跨《またが》ル者アルトキハ上級ニ入ル可シ又兩級ノ間ニ同額《おなじたか》ノ納税者二名以上アルトキハ其市ニ住居《すまゐ》スル年數ノ多キ者ヲ以テ上級ニ入ル若シ住居ノ年數《ねんすう》ニ依《よ》リ難《がた》キトキハ年齡《とし》ヲ以テシ年齡ニモ依リ難キトキハ市長抽籤《ちうせん》ヲ以テ之ヲ定ム可シ

選擧人每級各別《まいきうかくべつ》ニ議員ノ三分一ヲ選擧ス其被選擧人ハ同級内ノ者ニ限ラス三級ニ通《つう》シテ選擧セラルヽコトヲ得

第十四條　區域廣濶《ひろく》又ハ人口稠密《おほくこまか》ナル市ニ於テハ市條例ヲ以テ選擧區ヲ設クルコトヲ得但特《とく》ニ二級若《もし》クハ三級選擧ノ爲メ之ヲ設クルモ妨《さまた》ケナシ

選擧區《せんきよく》ノ數及《かつ》其區域並各選擧區《かくせんきよく》ヨリ選出《えらひだし》スル議員ノ員數ハ市條例ヲ以テ選擧人ノ員數《かづ》ニ準シ之ヲ定ム可シ

選擧人ハ其住居ノ地ニ依テ其所屬《しよぞく》ノ區ヲ定ム其市內ニ住居ナキ者ハ課稅《くわぜい》ヲ受ケタル物件《ぶつけん》ノ所《あり》在《か》ニ依テ之ヲ定ム若シ數選擧區ニ亘《わた》リ納稅スル者ハ課稅《くわぜい》ノ最多キ物件ノ所在ニ依テ之ヲ定《さだ》ム可シ

選擧區ヲ設クルトキハ其選擧區ニ於テ選擧人ノ等級《とうきふ》ヲ分《わか》ツ可シ

被選擧人《ひせんきよにん》ハ其選擧區內ノ者ニ限ラサルモノトス

第十五條　選擧權ヲ有スル市公民(第十二條第一項)ハ總テ被選擧權ヲ有ス

左ニ揭クル者ハ市會議員《しくわいぎゐん》タルコトヲ得ス

一　所屬府縣《しよぞくふけん》ノ官吏《やくにん》

二　有給《いうきふ》ノ市官吏《しやくにん》

三　檢察官《けんさつくわん》及警察官吏《けいさつくわんり》

四　神官僧侶《しんくわんそうりよ》及其他諸宗教師《しよしうけうし》

五　小學校敎員《けうゐん》

其他官吏ニシテ當選《たうせん》シ之ニ應《おう》セントスルトキハ所屬長官《ろうやく》ノ許可《ゆるし》ヲ受ク可シ

代言人《だいげんにん》ニ非スシテ他人ノ爲メニ裁判所《さいばんしよ》又ハ其他ノ官廳《やくしよ》ニ對《たい》シテ事ヲ辨《べん》スルヲ以テ業《しごと》ト爲ス者ハ議員ニ選擧セラルヽコトヲ得ス

父子兄弟《おやこけうだい》タルノ緣故《ちなみ》アル者ハ同時《いちじ》ニ市會議員タルコトヲ得ス其同時ニ選擧セラレタルトキハ投《とう》票《へう》ノ數ニ依《より》テ其多キ者一人ヲ當選《たうせん》トシ若シ同數《どうすう》ナレハ年長者《としうへのもの》ヲ當選トス其時ヲ異《こと》ニシテ選擧セラレタル者ハ後者《のちのもの》議員タルコトヲ得ス

市參事會員《しさんじくわいいん》トノ間父子兄弟タルノ縁故アル者ハ之ト同時ニ市會議員タルコトヲ得ス若シ議員トノ間ニ其縁故アル者市參事會員ノ任《にん》ヲ受《う》クルトキハ其縁故アル議員ハ其職《しよく》ヲ退《しりぞ》ク可シ

第十六條　議員ハ名譽職《めいよしよく》トス其任期ハ六年トシ毎《まい》三年各級ニ於テ其半數《なかば》ヲ改選《かいせん》ス若シ各級ノ議員二分《ぶん》シ難《がた》キトキハ初回《はじめのまき》ニ於テ多數《たすう》ノ一半《はんぶん》ヲ解任《かいにん》セシム初回ニ於テ解任ス可キ者ハ抽籤《ちうせん》ヲ以テ之ヲ定ム

退任ノ議員ハ再選《さいせん》セラルヽコトヲ得

第十七條　議員中闕員《かけかつ》アルトキハ毎三年定期《ていき》改選《かいせん》ノ時ニ至リ同時ニ補闕選擧《ほけつせんきよ》ヲ行フ可シ若シ定員三分ノ一以上闕員アルトキ又ハ市會市參事會若クハ府縣知事ニ於テ臨時《りんじ》補闕ヲ必要《ひつよう》ト認《みと》ムルトキハ定期前ト雖モ其補闕選擧ヲ行フ可シ

補闕議員ハ其前任者ノ殘任期間《のこりにんきかん》在職スルモノトス

定期改選及補闕選擧トモ前任者ノ選擧セラレタル選擧等級《とうきう》及選擧區ニ從テ之カ選擧ヲ行フ可シ

第十八條　市長《してう》ハ選擧ヲ行フ毎《ごと》ニ其選擧前六十日ヲ限リ選擧原簿《もとてう》ヲ製《せい》シ各選擧人ノ資格《しかく》ヲ記載《きさい》シ此原簿ニ據《よ》リテ選擧人名簿《めいは》ヲ製ス可シ但選擧區ヲ設クルトキハ毎區各別ニ原簿及名簿ヲ製ス可シ

選擧人名簿ハ七日間市役所《しやくしよ》又ハ其他ノ場所《ばしよ》ニ於テ之ヲ關係者《かゝりあいのもの》ノ縱覽《じうらん》ニ供《けう》ス可シ若シ關係者ニ於テ訴願《そぐわん》セントスルコトアルトキハ同期限内ニ之ヲ市長ニ申立《もふした》ツ可シ市長ハ市會ノ裁決《さいけつ》（第三十五條第一項）ニ依リ名簿ヲ修《なを》正ス可キトキハ選擧前十日ヲ限リテ之ニ修正ヲ加ヘテ確定名簿《かくていめいは》

簿ト爲シ之ニ登錄《しるし》セラレサル者ハ何人《なにひと》タリトモ選擧ニ關スルコトヲ得ス
本條ニ依リ確定シタル名簿ハ當選ヲ辭《ぢ》シ若クハ選擧ノ無效《むこう》トナリタル場合ニ於テ更《さら》ニ選擧ヲ爲ストキモ亦之ヲ適用《てきよう》ス

第十九條　選擧ヲ執行《しこう》スルトキハ市長ハ選擧ノ場《ば》所《しよ》日《ひ》時《とき》ヲ定メ及選擧ス可キ議員ノ數ヲ各級各區ニ分チ選擧前七日ヲ限リテ之ヲ公告《こうこく》ス可シ
各級ニ於テ選擧ヲ行フノ順序《しんじよ》ハ先《ま》ツ三級ノ選擧ヲ行ヒ次《つぎ》ニ二級ノ選擧ヲ行ヒ次ニ一級ノ選擧ヲ行フ可シ

第二十條　選擧掛《せんきよがゝり》ハ名譽職トシ市長ニ於テ臨時ニ選擧人中ヨリ二名若クハ四名ヲ選任《せんにん》市長若クハ其代理者ハ其掛長《かゝりてう》トナリ選擧會ヲ開閉《ひらきとぢ》シ其會場《くわいでう》ノ取締《とりしまり》ニ任ス但選擧區ヲ設クルトキハ毎區各別ニ選擧掛ヲ設ク可シ

第二十一條　選擧開會中ハ選擧人ノ外何人タリトモ選擧會場ニ入ルコトヲ得ス選擧人ハ選擧會場ニ於テ協議《けうぎ》又ハ勸誘《すゝめ》ヲ爲スコトヲ得ス

第二十二條　選擧ハ投票ヲ」以テ之ヲ行フ投票ニハ被選擧人ノ氏名《うじな》ヲ記《しる》シ封緘《ふうしん》ノ上選擧人自《みづか》ラ掛長ニ差出《さした》ス可シ但選擧人ノ氏名ハ投票ニ記入《かきいれ》スルコトヲ得ス
選擧人投票ヲ差出ストキハ自已《じぶん》ノ氏名及住所《じうしよ》ヲ掛長ニ申立テ掛長ハ選擧人名簿ニ照《てら》シテ之ヲ受ケ封緘ノ儘《まゝ》投票函《とうへうはこ》ニ投入《とうへう》ス可但シ投票函ヲ終《をは》ル迄《す》之ヲ開クコトヲ得ス

第二十三條　投票ニ記載ノ人員其選擧ス可キ定數《きまりかつ》ニ過キ又ハ不足《ふそく》アルモ其投票ヲ無效《むこう》トセス其定數ニ過クルモノハ末尾《すゑ》ニ記載シタル人名ヲ順次《じゆんじ》ニ棄却《すて》ス可シ

●職務權限及處務規程

左ノ投票ハ之ヲ無效《むこう》トス
一　人名ヲ記載セス又ハ記載セル人名《な》ノ讀ミ難《がた》キモノ
二　被選擧人ノ何人タルヲ確認《しかとみとめ》シ難キモノ
三　被選擧權ナキ人名ヲ記載スルモノ
四　被選擧人氏名ノ外他事《たじ》ヲ記入《きにう》スルモノ
投票ノ受理並効力《うけおさめとうりよく》ニ關スル事項ハ選擧掛假《かり》ニ之ヲ議決ス可否同數《よしあしどうすう》ナルトキハ掛長之ヲ決《けつ》ス

第二十四條　選擧ハ選擧人自ラ之ヲ行フ可シ他人ニ託《たのみ》シテ投票ヲ差出スコトヲ許《ゆる》サス
第十二條第二項ニ依リ選擧權ヲ有スル者ハ代人ヲ出シテ遷擧ヲ行フコトヲ得若シ其獨立ノ男子ニ非サル者又ハ會社其他法人《はふにん》ニ係《かゝ》ルトキハ必ス代人ヲ以テス可シ其代人ハ內國人ニシテ公《こう》權《けん》ヲ有スル獨立ノ男子ニ限《かぎ》ル但一人ニシテ數人ノ代理ヲ爲スコトヲ得ス且代人ハ委任狀《いにんでう》ヲ選擧掛ニ示《しめ》シテ代理《だいり》ノ證《せう》トス可シ

第二十五條　議員ノ選擧ハ有效投票《ゆうこうとうへう》ノ多數ヲ得ル者ヲ以テ當選トス投票ノ數《かづ》相同キモノハ年長者ヲ取《と》リ同年ナルトキハ掛長自ラ抽籤シテ其當選《とうせん》ヲ定ム
同時ニ補闕員數名ヲ選擧スルトキハ（第十七條）投票數ノ最多キ者ヲ以テ殘任期《のこりにんき》ノ最長キ前任者ノ補闕《はけつ》ト爲シ其數相同キトキハ抽籤ヲ以テ其順序ヲ定ム

第二十六條　選擧掛ハ選擧錄《せんきよろく》ヲ製シテ選擧ノ顚末《しまつ》ヲ記錄《しる》シ選擧ヲ終リタル後之ヲ朗讀《ろうどく》シ選擧人名簿其他關係書類《くわんけいしよるい》ヲ合綴《つゞりあは》シテ之ニ署名ス可シ
投票ハ之ヲ選擧錄ニ附屬《ふぞく》シ選擧ヲ結了《しまひ》スルニ至ル迄之ヲ保存《とりおく》ス可シ

第二十七條　選舉ヲ終リタル後選舉掛長ハ直ニ當選者《とうせんしや》ニ其當選ノ旨《むね》ヲ告知《しら》ス可シ其當選ヲ辭《じ》セントスル者ハ五日以内ニ之ヲ市長ニ申立ツ可シ

一人ニシテ數級又ハ數區ノ選舉ニ當リタルトキハ同期限内何レノ選舉ニ應《おう》ス可キコトヲ申立ツ可シ其期限内《きげんない》ニ之ヲ申立テザル者ハ總テ其選舉ヲ辭スル者トナシ第八條ノ處分ヲ爲ス可シ

第二十八條　選舉人選舉ノ效力ニ關シテ訴願セントスルトキハ選舉ノ日ヨリ七日以内ニ之ヲ市長ニ申立ツルコトヲ得（第二十五條第一項）

市長ハ選舉ヲ終リタル後之ヲ府縣知事ニ報告《ほうこく》シ府縣知事ニ於テ選舉ノ效力ニ關《くわん》シ異議《ゐぎ》アルトキハ訴願ノ有無《うむ》ニ拘《かゝは》ラス府縣參事會ニ付《ふ》シテ處分《しよぶん》ヲ行フコトヲ得

選舉ノ定規《ていき》ニ違背《ゐはい》スルコトアルトキハ其選舉ヲ取消《とりけ》シ又被選舉人中其資格《しかく》ノ要件《ようけん》ヲ有セザル者アルトキハ其人ノ當選ヲ取消シ更ニ選舉ヲ行ハシム可シ

第二十九條　當選者中其資格ノ要件ヲ有セサル者アルコトヲ發見《みだ》シ又ハ就職後《しゆしよくご》其要件ヲ失フ者アルトキハ其人ノ當選ハ效力ヲ失フモノトス其要件ノ有無ハ市會之ヲ議決ス

第二款　職務權限《しよくむけんげん》及處務規程《しよむきてい》

第三十條　市會ハ其市ヲ代表《だいへう》シ此法律ニ準據《よりしたがひ》シテ市ニ關《くわん》スル一切《さい》ノ事件《じけん》並從前特《もとより》ニ委任《いにん》セラレ又ハ將來《のち〱》法律勅令《ちよくれい》ニ依テ委任セラルヽ事件ヲ議決スルモノトス

第三十一條　市會ノ議決ス可キ事件ノ概目《あらまし》左ノ如シ

一　市條例及規則ヲ設ケ並改正《かいせい》スル事

二　市費《しひ》ヲ以テ支辨《しべん》ス可キ事業但第七十四條ニ掲クル事務ハ此限ニ在ラス

●職務權限及處務規程

三　歲入出豫算ヲ定メ豫算外《よさんぐわい》ノ支出及豫算超過《ちうくわ》ノ支出ヲ認定《にんてい》スル事

四　決算報告ヲ認定スル事

五　法律勅令ニ定ムルモノヲ除《のぞ》クノ外使用料《しようりやう》、手數料《てすうりやう》、市稅《しせい》及夫役現品《ふやくげんぴん》ノ賦課徵收《ふくわちようしう》ノ法ヲ定ムル事

六　市有不動產《いうふどうさん》ノ賣買交換《うりかひかへかへ》讓受讓渡《ゆづりうけゆづりわたし》並質入書入《しちいれかきいれ》ヲ爲ス事

七　基本財產《きほんざいさん》ノ處分ニ關スル事

八　歲入出豫算ヲ以テ定ムルモノヲ除クノ外新《あらた》ニ義務ノ負擔《ひきおひ》ヲ爲シ及權利ノ棄却《きゝやく》ヲ爲ス事

九　私有ノ財產及營造物《つくりもの》ノ管理方《しまりかた》法ヲ定ムル事

十　市吏員ノ身元保證金《みもとほしようきん》ヲ徵《ちよう》シ並其金額《きんだか》ヲ定ムル事

十一　市ニ係《かゝ》ル訴訟《ろしよう》及和解《わかい》ニ關スル事

第三十二條　市會ハ法律勅令ニ依リ其職權《しよくけん》ニ屬スル市吏員ノ選擧《せんきよ》ヲ行フ可シ

第三十三條　市會ハ市ノ事務ニ關スル書類及計算書《けいさんしよ》ヲ檢閱《しらべ》シ市長ノ報告ヲ請求《せいきふ》シテ事務ノ管理議決ノ施行並收入支出《しうにふしゝゆつ》ノ正否ヲ監査《かんさ》スルノ職權ヲ有ス

市會ハ市ノ公益《こうえき》ニ關スル事件ニ付意見書《いけんしよ》ヲ監督官廳《かんとくやくしよ》ニ差出《さしだ》スコトヲ得

第三十四條　市會ハ官廳諮問《そひ》アルトキハ意見ヲ陳述《のべ》ス可シ

第三十五條　市住民及公民タル權利ノ有無《あるなし》選擧及被選擧權ノ有無、選擧人名簿ノ正否《よしあし》並其等級ノ當否代理ヲ以テ執行《しかう》スル選擧權（第十二條第二項）及市會議員選擧ノ効力（第二十八條）ニ關スル訴願ハ市會之ヲ裁決ス

市會ノ裁決ニ不服アル者ハ府縣參事會ニ訴願シ其府縣參事會ノ裁決ニ不服アル者ハ行政裁判所ニ出訴スルコトヲ得本條ノ事件ニ付テハ市長《しちやう》ヨリモ亦《また》訴願及訴訟ヲ爲スコトヲ得

本條ノ訴願及訴訟ノ爲メニ其執行ヲ停止《ていし》スルコトヲ得ス但判決確定《はんけつかくてい》スルニ非サレハ更ニ選擧ヲ爲スヿヲ得ス

第三十六條　凡議員タル者ハ選擧人ノ指示《しじ》若クハ委囑《たのみ》ヲ受ク可カラサルモノトス

第三十七條　市會ハ毎暦年《まいれきねん》ノ初メ一周年《しうねん》ヲ限リ議長及其代理者各一名ヲ互選《ごせん》ス

第三十八條　會議ノ事件議長《ぎちやう》及其父母兄弟若クハ妻子《つまこ》ノ一身上ニ關スル事アルトキハ議長ニ故《さは》障《り》アルモノトシテ其代理者之ニ代ル可シ

議長代理者共ニ故障アルトキハ市會ハ年長《としうへ》ノ議員ヲ以テ議長ト爲ス可シ

第三十九條　市參事會員ハ會議ニ列席《れつせき》シテ議事ヲ辨明《べんめい》スルヿヲ得

第四十條　市會ハ會議ノ必要《ひつえう》アル毎ニ議長之ヲ招集《せうしふ》ス若シ議員四分ノ一以上ノ請求《もとめ》アルトキ又ハ市長若クハ市參事會ノ請求アルトキハ必ス之ヲ招集ス可シ其招集並會議ノ事件ヲ告知《しら》スルハ急施《きうし》ヲ要スル場合ヲ除《のぞ》クノ外少クモ會議ノ三日前タル可シ但市會ノ議決ヲ以テ豫メ會議日ヲ定ムルモ妨ケナシ

市參事會員ヲ市會ノ會議ニ招集スルトキモ亦前項ノ例ニ依ル

第四十一條　市會ハ議員三分ノ二以上出席《しゆつせき》スルニ非サレハ議決《ぎけつ》スルコトヲ得ス但同一《おなじ》ノ議事ニ付招集再回《さいど》ニ至ルモ議員猶三分ノ二ニ滿タサルトキハ此限ニ在ラス

第四十二條　市會ノ議決ハ可否ノ多數ニ依リ之ヲ定ム可否同數ナルトキハ再議《さいぎ》議決《けつ》ス可シ若シ

猶《なほ》同數ナルトキハ議長ノ可否スル所ニ依ル

第四十三條　議員ハ自己《じしん》及其父母兄弟若クハ妻子ノ一身上ニ關スル事件ニ付テハ市會ノ議決ニ加《くは》ハルコトヲ得ス

議員ノ數此除名《じよめい》ノ爲メニ減少シテ會議ヲ開クノ定數ニ滿《み》タサルトキハ府縣參事會市會ニ代テ議決ス

第四十四條　市會ニ於テ市吏員ノ選擧ヲ行フトキハ其一名毎ニ匿名投票《かくしなのとうへう》ヲ以テ之ヲ爲シ有効投票ノ過半數《くわはんすう》ヲ得ル者ヲ以テ當選トス若シ過半數ヲ得ル者ナキトキハ最多《さいた》數《すう》ヲ得ル者二名ヲ取リ之ニ就《つい》テ更ニ投票セシム若シ最多數ヲ得ル者三名以上同數ナルトキハ議長自ラ抽籤シテ其二名ヲ取リ更ニ投票セシム此再投票ニ於テモ猶過半數ヲ得ル者ナキトキハ抽籤ヲ以テ當選ヲ定ム其他ハ第二十二條、第二十三條、第二十四條第一項ノ適用《てきよう》ス前項ノ選擧ニハ市會ノ議決ヲ以テ指名推選《しめいするせん》ノ法ヲ用フルコトヲ得

第四十五條　市會ノ會議ハ公開《こうかい》ス但議長ノ意見ヲ以テ傍聽《ばうちやう》ヲ禁《きん》スルコトヲ得

第四十六條　議長ハ各議員ニ事務《じむ》ヲ分課《ぶんくわ》シ會議及選擧ノ事ヲ總理《そうり》シ開會閉會並延會《えんくわい》ヲ命シ議場ノ秩序《ちつじよ》ヲ保持《ほぢ》ス若シ傍聽者ノ公然贊成《おもてだきさんせい》又ハ擯斥《ひんせき》ヲ表《へう》シ又ハ喧擾《けんせう》ヲ起ス者アルトキハ議長ハ之ヲ議場外ニ退出《たいしゆつ》セシムルコトヲ得

第四十七條　市會ハ書記《しよき》ヲシテ議事錄《ぎじろく》ヲ製シテ其議決及選擧ノ顛末《しまつ》並出席議員ノ氏名ヲ記錄《きろく》セシム可シ議事錄ハ會議ノ末之ヲ朗讀シ議長及議員二名以上之ニ署名《しよめい》ス可シ市會ハ議事錄ノ謄寫《うつし》又ハ原書《もとがき》ヲ以テ其議決ヲ市長ニ報告ス可シ

市會ノ書記ハ市會之ヲ選任ス

第四十八條　市會ハ其會議細則ヲ設ク可シ其細則ニ違背《ゐはい》シタル議員ニ科《くわ》ス可キ過怠金《くわたいきん》二圓以下ノ罰則《ばつそく》ヲ設《まう》クルコトヲ得

第三章　市行政《しぎやうせい》

第一款　市參事會及市吏員ノ組織選任《そしきせんにん》

第四十九條　市ニ市參事會ヲ置キ左ノ吏員ヲ以テ之ヲ組織ス

一　市長《しちやう》　一名

二　助役《じよやく》　東京ハ三名京都大阪ハ各二名其他ハ一名

三　名譽職參事會員《めいよしよくさんじくわいゝん》　東京ハ十二名京都大坂ハ各九名其他ハ六名

助役及名譽職參事會員ハ市條例ヲ以テ其定員ヲ增減スルコトヲ得

第五十條　市長ハ有給吏員トス其任期《にんき》ハ六年トシ內務大臣市會ヲシテ候補者《かうほしや》三名ヲ推薦《すいせん》セシメ上奏裁可《せうそうさいか》ヲ請フ可シ若シ其裁可ヲ得サルトキハ再推薦《さいすゐせん》ヲ爲サシム可シ再推薦ニシテ猶《なほ》裁可ヲ得サルトキハ追《おつ》テ推薦セシメ裁可ヲ得ルニ至ルノ間內務大臣ハ臨時代理者《りんじだいりしや》ヲ選任《せんにん》シ又ハ市費《しひ》ヲ以テ官吏ヲ派遣《はけん》シ市長ノ職務《しよくむ》ヲ管掌《つかさどり》セシム可シ

第五十一條　助役及名譽職參事會員ハ市會之ヲ選擧ス其選擧ハ第四十四條ニ依テ行フ可シ但投票同數ナルトキハ抽籤ノ法ニ依ラス府縣參事會之ヲ決ス可シ

第五十二條　助役ハ有給吏員トシ其任期ハ六年トス

助役ノ選擧ハ府縣知事ノ認可ヲ受クルコトヲ要ス若シ其認可ヲ得サルトキハ再選擧ヲ爲ス可

●市參事會及市吏員ノ組織選任

シ再選擧ニシテ猶《なほ》其認可ヲ得サルトキハ追テ選擧ヲ行ヒ認可ヲ得ルニ至ルノ間府縣知事ハ臨時代理者ヲ選任シ又ハ選費ヲ以テ官吏ヲ派遣シ助役ノ職務ヲ管掌セシム可シ

第五十三條　市長助役ハ其市公民タル者ニ限ラス但其任《にん》ヲ受クルトキハ其公民タルノ權《けん》ヲ得

第五十四條　名譽職參事會員ハ其市公民中年齡《とし》滿《まん》三十歳以上《いぜう》ニシテ選擧權ヲ有スル者ヨリ之ヲ選擧ス其任期ハ四年トス任期滿限ノ後ト雖モ後任者就職《しよにつく》ノ日迄在職《さいしよく》スルモノトス

名譽職參事會員ハ毎二年其半數ヲ改選ス若シ二分シ難《かた》キトキハ初會ニ於テ多數ノ一半ヲ退任《たいにん》セシム初會ノ退任者ハ抽籤ヲ以テ之ヲ定ム但退任者再選セラルヽヿヲ得

若シ闕員アルトキハ其殘任期《のこりにんき》ヲ補充《はじう》スル爲メ直ニ補闕選擧《はけつせんきよ》ヲ爲ス可シ

第五十五條　市長及助役其他參事會員ハ第十五條第二項ニ掲載《けいさい》スル職ヲ兼《か》ヌルコトヲ得ス同條第四項ニ掲載スル者ハ名譽職參事會員ニ選擧セラルヽヿヲ得ス

父子兄弟タルノ縁故《ちなみ》アル者ハ同時ニ市參事會員タルコトヲ得ス若シ其縁故アル者市長ノ任《にん》ヲ受クルトキハ其縁故アル市參事會員ハ其職ヲ退ク可シ其他ハ第十五條第五項ヲ適用ス

市長及助役ハ三ケ月前ニ申立ツルトキハ隨時《ずるじ》退職ヲ求ムルコトヲ得此場合《ばあい》ニ於テハ退隱料《たいゝんりやう》ヲ受クルノ權ヲ失フモノトス

第五十六條　市長及助役ハ他ノ有給ノ職務ヲ兼任《けんにん》シ又ハ株式會社《かぶしきくわいしや》ノ社長及重役《おもやく》トナルヿヲ得ス其他ノ營業《なりはひ》ハ府縣知事ノ認許ヲ得ルニ非サレハ之ヲ爲スヿヲ得ス

第五十七條　名譽職參事會員ノ選擧《せんきよ》ニ付テハ市參事會自ラ其効力ノ有無《あるなし》ヲ議決ス

當選者中其資格ノ要件ヲ有セサル者アルコトヲ發見《みた》シ又ハ就職後其要件ヲ失フ者アルトキハ

其人ノ當選ハ効力ヲ失フモノトス其要件ノ有無ハ市參事會之ヲ議決ス其議決ニ不服アル者ハ府縣參事會ニ訴願シ其府縣參事會ノ裁決ニ不服アル者ハ行政裁判所ニ出訴スルコトヲ得其他ハ第三十五條末項《まつかう》ヲ適用ス

第五十八條　市ニ收入役《しうにふやく》一名ヲ置ク收入役ハ市參事會ノ推薦ニ依リ市會之ヲ選任ス

收入役ハ市參事會員ヲ兼ヌルコトヲ得ス

收入役ノ選任ハ府縣知事ノ認可ヲ受クルコトヲ要ス其他ハ第五十一條、第五十二條、第五十三條、第五十五條及第七十六條ヲ適用ス

收入役ハ身元《みもと》保證金《ほせうきん》ヲ出ス可シ

第五十九條　市ニ書記其他必要《ひつえう》ノ附屬員《ふぞくいん》並使丁《こつかひ》ヲ置キ相當《さうたう》ノ給料ヲ給《きう》ス其人員ハ市會ノ議決ヲ以テ之ヲ定メ市參事會之ヲ任用《にんよう》ス

第六十條　凡市ハ處務《しよむ》便宜《べんぎ》ノ爲メ市參事會ノ意見《いけん》ヲ以テ之ヲ數區《すうく》ニ分チ毎區區長《くてう》及其代理者各一名ヲ置クコトヲ得區長及其代理者ハ名譽職トス但東京京都大阪ニ於テハ區長ヲ有給吏員ト爲スコトヲ得

區長及其代理者ハ市會ニ於テ其區若クハ隣區《となりく》ノ公民中選擧權ヲ有スル者ヨリ之ヲ選擧シ區會（第百十三條）ヲ設クル區ニ於テハ其區會ニ於テ之ヲ選擧ス但東京京都大阪ニ於テハ市參事會之ヲ選任ス

東京京都大阪ニ於テハ前條ニ依リ區ニ附屬員並使丁ヲ置クコトヲ得

第六十一條　市ハ市會ノ議決ニ依リ臨時《りんじ》又ハ常設《じやうせつ》ノ委員《いゝん》ヲ置クコトヲ得其委員ハ名譽職《めいよしよく》トス

●市參事會及市吏員ノ組織選任

委員ハ市參事會員又ハ市會議員ヲ以テ之ニ充《あ》テ又ハ市參事會員及市會議員ヲ以テ之ヲ組織《くみたて》シ又ハ會員議員ト市公民中選擧權ヲ有スル者トヲ以テ之ヲ組織シ市參事會員一名ヲ以テ委員長《いゝんてう》トス

委員中市會議員ヨリ出ツル者ハ市會之ヲ選擧シ選擧權ヲ有スル公民ヨリ出ツル者ハ市參事會之ヲ選擧シ其他ノ委員ハ市長之ヲ選任ス

常設委員ノ組織ニ關《くわん》シテハ市條例《してうれい》ヲ以テ別段《べつだん》ノ規定ヲ設クルコトヲ得

第六十二條　區長及委員ニハ職務取扱《とりあつかひ》ノ爲メニ要《よう》スル實費《じつひ》辨償《べんせう》ノ外《ほか》市會ノ議決ニ依リ勤務《つとめ》ニ相當《さうとう》スル報酬《むくひ》ヲ給スルコトヲ得

第六十三條　市吏員ハ任期滿限《にんきまんげん》ノ後再選セラルヽコトヲ得

市議員及使丁ハ別段ノ規定又ハ規約《きやく》アルモノヲ除クノ外隨時《いつでも》解職スルコトヲ得

第二款　市參事會及市吏員ノ職務權限及處務規程

第六十四條　市參事會ハ其市ヲ統轄《しはい》シ其行政事務ヲ擔任《ひきうけ》ス

市參事會ノ擔任スル事務ノ概目《あらまし》左ノ如シ

一　市會ノ議事ヲ準備《ようい》シ及其議決ヲ執行《とりおこなふ》スル事若シ市會ノ議決其權限《けんげん》ヲ越《こ》エ法律命令《はうりつめいれい》ニ背《そむ》キ又ハ公衆《こうしゆ》ノ利益ヲ害《がい》スト認ムルトキハ市參事會ハ自己《じこ》ノ意見《いけん》ニ由リ又ハ監督官廳ノ指揮《さしづ》ニ由リ理由《わけ》ヲ示《しめ》シテ議決ノ執行ヲ停止《ていし》シ之ヲ再議セシメ猶其議決ヲ更《あらた》メザルトキハ府縣參事會ノ裁決ヲ請フ可シ其權限ヲ越エ又ハ法律勅令ニ背クニ依テ議決ノ執行ヲ停止シタル場合ニ於テ府縣參事會ノ裁決ニ不服アル者ハ行政裁判所ニ出訴スルコトヲ得

二　市ノ設置《もよけ》ニ係《かゝ》ル營造物《つくりもの》ヲ管理《しまつ》スル事若シ特ニ之ガ管理者アルトキハ其事務ヲ監督《しまり》スル事

三　市ノ歲入《さいにう》ヲ管理シ歲入出豫算表其他市會ノ議決ニ依テ定マリタル收入支出ヲ命令《めいれい》シ會計及出納《すいとう》ヲ監視《かんし》スル事

四　市ノ權利ヲ保護《ほご》シ市有財產ヲ管理スル事

五　市吏員及使丁ヲ監督《しまり》シ市長ヲ除クノ外其他ニ對シ懲戒處分《てうかいしよぶん》ヲ行フ事其懲戒處分ハ譴責《けんせき》及十圓以下ノ過怠金トス

六　市ノ諸證書《しよしようしよ》及公文書類《こうぶんしよるゐ》ヲ保管《ほくわん》スル事

七　外部《ぐわいぶ》ニ對シテ市ヲ代表《だいへう》シ市ノ名義《めいぎ》ヲ以テ其訴訟並和解《わかい》ニ關シ又ハ他廳《ほかやくしよ》若クハ人民ト商《ろう》議《だん》スル事

八　法律勅令ニ依リ又ハ市會ノ議決ニ從テ使用料、手數料、市稅及夫役現品ヲ賦課徵收《ふくわちやうしう》スル事

九　其他法律命令又ハ上司《うはやく》ノ指令《さしづ》ニ依テ市參事會ニ委任《いにん》シタル事務ヲ處理《しまつ》スル事

第六十五條　市參事會ハ議長又ハ其代理者及名譽職會員定員三分ノ一以上出席スルトキハ議決ヲ爲スコトヲ得其議決ハ可否ノ多數ニ依リ之ヲ定ム可否同數ナルトキハ議長ノ可否スル所ニ依ル

議決ノ事件ハ之ヲ議事錄ニ登記《とうき》ス可シ

市參事會ノ議決其權限ヲ越エ法律命令ニ背キ又ハ公衆ノ利益ヲ害スト認ムルトキハ市長ハ自已ノ意見ニ由リ又ハ監督官廳ノ指揮ニ由リ理由ヲ示シテ議決ノ執行ヲ停止シ府縣參事會ノ裁《さい》決《けつ》ヲ請フ可シ其權限ヲ越エ又ハ法律勅令ニ背クニ依テ議決ノ執行ヲ停止シタル塲合ニ於テ府

●市參事會及吏員ノ職務權限及處務規程

●市參事會及吏員ノ職務權限及處務規程

縣參事會ノ裁決ニ不服アル者ハ行政裁判所ニ出訴スルコトヲ得

第六十六條　第四十三條ノ規定ハ市參事會ニモ亦之ヲ適用《てきよう》ス但同條ノ規定ニ從ヒ市參事會正當《せいたう》ノ會議ヲ開クコトヲ得ザルトキハ市會之ニ代テ議決スルモノトス

第六十七條　市長ハ市政《しせい》一切《さい》ノ事務ヲ指揮監督《さしづしまり》シ處務《しよむ》ノ澁滯《とゞこほり》ナキコトヲ務ム可シ

市長ハ市參事會ヲ召集《せうしう》シ之ガ議長トナル市長故障《さわり》アルトキハ其代理者ヲ以テ之ニ充《あ》ツ

市長ハ市參事會ノ議事ヲ準備《ようい》シ其議決ヲ執行シ市參事會ノ名ヲ以テ文書《ぶんしよ》ノ往復《わうふく》ヲ爲シ及之ニ署名《しよめい》ス

第六十八條　急施ヲ要スル場合ニ於テ市參事會ヲ召集スルノ暇《いとま》ナキトキハ市長ハ市參事會ノ事務ヲ專決處分《じぶんぎめしまつ》シ次《つぎ》回ノ會議ニ於テ其處分ヲ報告ス可シ

第六十九條　市參事會員ハ市長ノ職ヲ補助《はじよ》シ市長故障アルトキ之ヲ代理《だいり》ス

市長ハ市會ノ同意ヲ得テ市參事會員ヲシテ市行政事務ノ一部《ぶ》ヲ分掌《わかちつかさどり》セシムルコトヲ得此場合ニ於テハ名譽職會員ハ職務取扱《とりあつかひ》ノ爲メニ要スル實費辨償《しつぴべんしやう》ノ外勤務ニ相當スル報酬ヲ受クルコトヲ得

市條例ヲ以テ助役及名譽職會員ノ特別《とくべつ》ナル職務並市長代理ノ順序《じゆんじよ》ヲ規定《さだむ》ス可シ若シ條例ノ規定ナキトキハ府縣知事ノ定ムル所ニ從ヒ上席者《じやうせきしや》之ヲ代理《だいり》ス可シ

第七十條　市收入役ハ市ノ收入ヲ受領《じゆりやう》シ其費用ノ支拂《しはらひ》ヲ爲シ其他會計事務《くわいけいじむ》ヲ掌《つかさど》ル

第七十一條　書記ハ市長ニ屬《ぞく》シ庶務《しよむ》ヲ分掌《ぶんしやう》ス

第七十二條　區長及其代理者（第六十條）ハ市參事會ノ機關《きくわん》トナリ其指揮命令ヲ受ケテ區內ニ關

スル市行政事務《しぎやうせいじむ》ヲ補助執行《ほじよしつかう》スルモノトス

第七十三條　委員ハ（第六十一條）市參事會ノ監督《かんとく》ニ屬シ市行政事務ノ一部ヲ分掌シ又ハ營造物ヲ管理シ若クハ監督シ又ハ一時ノ委託《たのみ》ヲ以テ事務ヲ處辨《しよべん》スルモノトス

市長ハ隨時委員會ニ列席《れつせき》シテ議決ニ加ハリ其議長タルノ權ヲ有ス常設委員《じやうせついゐん》ノ職務權限ニ關シテハ市條例ヲ以テ別段《べつだん》ノ規定ヲ設クルコトヲ得

第七十四條　市長ハ法律命令ニ從ヒ左ノ事務ヲ管掌ス

一　司法警察補助官《しはうけいさつほじよかん》タルノ職務《しよくむ》及法律命令ニ依テ其管理ニ屬スル地方警察ノ事務《じむ》但別《べつ》ニ官署《やくしよ》ヲ設ケテ地方警察事務ヲ管掌セシムルトキハ此限ニ在ラズ

二　浦役場《うらやくば》ノ事務

三　國ノ行政並府縣《ふけん》ノ行政ニシテ市ニ屬スル事務但別《べつ》ニ吏員ノ設ケアルトキハ此限ニ在ラズ

右三項中ノ事務ハ監督官廳ノ許可ヲ得テ之ヲ市參事會員ノ一名ニ分掌セシムルコトヲ得

本條ニ掲載スル事務ヲ執行スルガ爲メニ要スル費用《ひよう》ハ市ノ負擔《ひきうけ》トス

第三款　給料《きうりやう》及給與《きうよ》

第七十五條　名譽職員ハ此法律中別ニ規定アルモノヲ除《のぞ》クノ外職務取扱ノ爲メニ要スル實費ノ辨償《べんしやう》ヲ受クルコトヲ得

實費辨償額《べんしやうだか》及報酬額《むくひだか》ハ市會之ヲ議決ス

第七十六條　市長助役其他有給吏員及使丁《こづかひ》ノ給料額《きうりやうだか》ハ市會ノ議決ヲ以テ之ヲ定ム

市會ノ議決ヲ以テ市長ノ給料額ヲ定ムルトキハ内務大臣ノ許可ヲ受クルコトヲ要ス若シ之ヲ

●給料及給與　●私有財産ノ管理

許可ス可カラスト認ムルトキハ内務大臣之ヲ確定《かくてい》ス
市會ノ議決ヲ以テ助役ノ給料額ヲ定ムルトキハ府縣知事ノ許可ヲ受クルコトヲ要ス府縣知事ニ於テ之ヲ許可ス可カラスト認ムルトキハ府縣參事會ノ議決ニ付シテ之ヲ確定ス
市長助役其他有給吏員ノ給料額ハ市條例ヲ以テ之ヲ規定スルコトヲ得
第七十七條　市條例ノ規定ヲ以テ市長其他有給吏員ノ退隱料《たいゐんりやう》ヲ設《もう》クルコトヲ得
第七十八條　有給吏員ノ給料、退隱料其他第七十五條ニ定ムル給料ニ關《くわん》シテ異議《いぎ》アルトキハ關係者ノ申立《まうしたて》ニ依リ府縣參事會之ヲ裁決ス其府縣參事會ノ裁決ニ不服アル者ハ行政裁判所ニ出訴スルコトヲ得
第七十九條　退隱料ヲ受クル者官職《くわんしよく》又ハ府縣郡市町村及公共組合《こうきようくみあひ》ノ職務ニ就キ給料ヲ受クルトキハ其間之ヲ停止《ていし》シ又ハ更ニ退隱料ヲ受クル權ヲ得ルトキ其額舊退隱料《もとたいゐんりやう》ト同額以上ナルトキハ舊退隱料ハ之ヲ癈止《はいし》ス
第八十條　給料退隱料○報酬及辨償ハ總テ市ノ負擔トス

第四章　私有財産《しゆうざいさん》ノ管理

第一欵　市有財産《しゆうざいさん》及市税《しぜい》

第八十一條　市ハ其不動産《ふどうさん》積立金穀《つみたてきんこく》等ヲ以テ基本財産《きほんざいさん》ト爲シ之ヲ維持《ゐぢ》スルノ義務アリ
臨時《りんじ》ニ收入《とりいれ》シタル金穀ハ基本財産ニ加入《かにう》ス可シ但寄附金《きふきん》等寄附者其使用《しよう》ノ目的《もくてき》ヲ定ムルモノハ此限ニ在ラス
第八十二條　凡市有財産ハ全市《ぜんし》ノ爲メニ之ヲ管理シ及共用《きようよう》スルモノトス但特ニ民法上ノ權利

ヲ有スル者アルトキハ此限ニ在ラス

第八十三條　舊來《もとく》ノ慣行《ならわし》ニ依リ市住民中特ニ其市有ノ土地《とち》物件《ぶつけん》ヲ使用《しよう》スル權利ヲ有スル者アルトキハ市會ノ議決ヲ經《ふ》ルニ非サレハ其舊慣《もとならはし》ヲ改ムルコトヲ得ス

第八十四條　市住民中特ニ市有ノ土地物件ヲ使用スル權利ヲ得ントスル者アルトキハ市條例ノ規定《きてい》ニ依リ使用料《しようりやう》若クハ一時ノ加入金《かにうきん》ヲ徴收《ちようしう》シ又ハ使用料加入金ヲ共ニ徴收シテ之ヲ許可《きよか》スルコトヲ得但特ニ民法上使用ノ權利ヲ有スル者ハ此限ニ在ラス

第八十五條　使用權ヲ有スル者（第八十三條、第八十四條）ハ使用ノ多寡《おほきすくなき》ニ準《じゆん》シテ其土地物件ニ係《かゝ》ル必要《ひつよう》ナル費用ヲ分擔《ぶんたん》ス可キモノトス

第八十六條　市會ハ市ノ爲メニ必要ナル場合ニ於テハ使用權《しようけん》（第八十三條、第八十四條）ヲ取上《とりあ》ケ又ハ制限スルコトヲ得但特ニ民法上《みんぱうじやう》使用ノ權利ヲ有スル者ハ此限ニ在ラス

第八十七條　市有財産ノ賣却貸與《ばいきやくたいよ》又ハ建築工事《けんちくこうじ》及物品調達《ぶつぴんてうたつ》ノ請負《うけをひ》ハ公《おほや》ケノ入札《にうさつ》ニ付ス可シ但臨《りん》時急施《じきうし》ヲ要スルトキ及入札ノ價《か》額其費用ニ比《ひ》シテ得失相償《とくしつあいつなふ》ハサルトキ又ハ市會ノ認許《ゆるし》ヲ得ルトキハ此限ニ在ラス

第八十八條　市ハ其必要ナル支出《しゝゆつ》及從前《じうぜん》法律命令ニ依テ賦課《ふくわ》セラレ又ハ將來法律勅令ニ依テ賦課セラル丶支出ヲ負擔スルノ義アリ

市ハ其財産ヨリ生スル收入及使用料、手數料（第八十九條）並科料《くわりやう》、過怠金其他法律勅令ニ依リ市ニ屬《ぞく》スル收入ヲ以テ前項ノ支出ニ充テ猶《なほ》不足アルトキハ市税（第九十條）及夫役現品《ふやくけんぴん》（第百一條）ヲ賦課徴收スルコトヲ得

第八十九條　市ハ其所有物及營造物ノ使用ニ付又ハ特ニ數個人ノ爲メニスル事業ニ付使用料又ハ手數料ヲ徵收スルコトヲ得

第九十條　市税トシテ賦課スルコトヲ得可キ目左ノ如シ

一　國税府縣税ノ附加税《ふかぜい》

二　直接《ちよくせつ》又ハ間接《かんせつ》ノ特別税《とくべつぜい》

府加税ハ直接ノ國税又ハ府縣税ニ附加《ふか》シ均一《きんいつ》ノ税率《ぜいりつ》ヲ以テ市ノ全部ヨリ徵收《ちようしう》スルヲ常例《じやう》トス

特別税ハ附加税ノ外別ニ市限リ税目《ぜいもく》ヲ起シテ課税スルヿヲ要スルトキ賦課徵收スルモノトス

第九十一條　此法律ニ規定セル條項ヲ除クノ外使用料、手數料（第八十九條）特別税（第九十條第一項第二）及從前ノ區町村費ニ關スル細則《さいそく》ハ市條例ヲ以テ之ヲ規定ス可シ其條例ニハ科料一圓九十五錢以下ノ罰則《ばつそく》ヲ設クルコトヲ得

科料ニ處シ及之ヲ徵收スルハ市參事會之ヲ掌ル其處分《しよぶん》ニ不服アル者ハ令狀交付後《れいじやうかうふご》十四日以內ニ司法裁判所ニ出訴スルコトヲ得

第九十二條　三ケ月以上市內ニ滯在《たいざい》スル者ハ其市税ヲ納ムルモノトス但其課税ハ滯在《たいざい》ノ初《はじめ》ニ遡《さかのぼ》リ徵收《ちようしう》ス可シ

第九十三條　市內ニ住居ヲ構《かま》ヘス又ハ三ケ月以上滯在スルコトナシト雖モ市內ニ土地家屋《とちかおく》ヲ所有《しよいう》シ又ハ營業ヲ爲ス者（店舗《みせ》ヲ定メルサル行商《かうせう》ヲ除《のぞ》ク）ハ其土地家屋營業若クハ其所得《しよとく》ニ對シテ賦課スル市税ヲ納ムルモノトス其法人《はうじん》タルトキモ亦同シ但郵便電信及官設鐵道《くわんせつてつだう》ノ業ハ此限ニアラス

第九十四條　所得稅ニ附加稅ヲ賦課シ及市ニ於テ特別ニ所得稅ヲ賦課セントスルトキハ納稅者ノ市外ニ於ケル所有ノ土地家屋又ハ營業（店舗ヲ定メサル行商ヲ除ク）ヨリ收入スル所得ハ之ヲ控除《とりのぞき》ス可キモノトス

第九十五條　數市町村ニ住居ヲ構ヘ又ハ滯在スル者ニ前條ノ市稅ヲ賦課スルトキハ其所得ヲ各市町村ニ平分《ひらわけ》シ其一部分ニノミ課稅ス可シ但土地家屋又ハ營業ヨリ收入《とりいれ》スル所得ハ此限ニ在ラス

第九十六條　所得稅法第三條ニ揭クル所得ハ市稅ヲ免《ゆる》除ス

第九十七條　左ニ揭クル物件ハ市稅ヲ免除ス

一　政府、府縣郡市町村及公共組合《こうきょうくみあひ》ニ屬シ直接《ちょくせつ》ノ公用ニ供スル土地、營造物《つくりもの》及家屋

二　社寺及官立公立ノ學校病院其他學藝、美術《びじゅつ》及慈善《じぜん》ノ用ニ供スル土地、營造物及家屋

三　官有ノ山林又ハ荒蕪地《あわち》但官有山林《くわんいうさんりん》又ハ荒蕪地ノ利益ニ係ル事業ヲ起シ內務大臣及大藏大臣ノ許可ヲ得テ其費用ヲ徵收《ちようしう》スルハ此限ニ在ラス

新開地《しんかいち》及開墾地ハ市條例ニ依リ年月ヲ限リ免稅《めんぜい》スルコトヲ得

第九十八條　前二條ノ外市稅ヲ免除ス可キモノハ別段《べつだん》ノ法律勅令ニ定ムル所ニ從フ皇族《くわうぞく》ニ係ル市稅ノ賦課ハ追《おつ》テ法律勅令ヲ以テ定ムル迄現今《げんこん》ノ例ニ依ル

第九十九條　數個人ニ於テ專《もっぱ》ラ使用スル所ノ營造物アルトキハ其修築《しうちく》及保存《ほぞん》ノ費用ハ之ヲ其關係者ニ賦課ス可シ

市內ノ一區ニ於テ專ラ使用スル營造物アルトキハ其區內ニ住居《すまる》シ若クハ滯在シ又ハ土地家屋

●市有財產及市稅

ヲ所有シ營業（店舗ヲ定メサル行商ヲ除ク）ヲ爲ス者ニ於テ其修築《しうちく》及保存ノ費用ヲ負擔《ふだん》ス可シ
但其一區ノ所有財産アルトキハ其收入ヲ以テ先ツ其費用ニ充ツ可シ
第百條　市税ハ納税義務《のうぜいぎむ》ノ起リタル翌月ノ初ヨリ免税理由《めんぜいのわけ》ノ生シタル月ノ終迄月割《つきわり》ヲ以テ之ヲ徴收ス可シ
會計年度中ニ於テ納税義務消滅《せうめつ》シ又ハ變更《かわり》スルトキハ納税者ヨリ之ヲ市長ニ届出《とゝけい》ツ可シ其届出ヲ爲シタル月ノ終迄《をはりまて》ハ從前ノ税ヲ徴收スルコトヲ得
第百一條　市《し》公共《こうきよう》ノ事業ヲ起シ又ハ公共ノ安寧《あんねい》ヲ維持スルカ爲メニ夫役《ふやく》及現品ヲ以テ納税者ニ賦課スルコトヲ得但學藝、美術及手工《しうこう》ニ關スル勞役《らうゑき》ヲ課スルコトヲ得ス
夫役及現品ハ急迫《いそぎ》ノ場合ヲ除クノ外直接《ちよくせつ》市《し》税《せい》ヲ準率《のり》ト爲シ且之ヲ金額ニ算出《かぞひだ》シテ賦課《ふくは》ス可シ
夫役ヲ課セラレタル者ハ其便宜《べんぎ》ニ從ヒ本人自ラ之ニ當リ又ハ適當ノ代人ヲ出スコトヲ得又急迫ノ場合ヲ除クノ外金圓ヲ以テ之ニ代フルコトヲ得
第百二條　市ニ於テ徴收スル使用料、手數料（第八十九條）市税（第九十條）夫役ニ代フル金圓（第百一條）共有物使用料及加入金（第八十四條）其他市ノ收入ヲ定期内ニ納メサルトキハ市參事會ハ之ヲ督促《とくそく》シ猶之ヲ完納《かいのう》セサルトキハ國税《こくせい》滯納處分法《たいのうしよぶんはう》ニ依リ之ヲ徴收ス可シ其督促ヲ爲スニハ市條例ノ規定ニ依リ手數料ヲ徴收スルコトヲ得
納税者中無資力《しりよくなき》ナル者アルトキハ市參事會ノ意見《いけん》ヲ以テ會計年度《くわいけねんど》内ニ限リ納税延期ヲ許スコトヲ得其年度ヲ越《こゆ》ル場合ニ於テハ市會ノ議決ニ依ル
本條ニ記載スル徴收金ノ追徴《ついちよう》、期《き》滿《まん》得免《とくめん》及先取特權《かんしのとくけん》ニ付テハ國税ニ關スル規則ヲ適用ス

第百三條　地租ノ附加税ハ地租ノ納税者ニ賦課シ其他土地ニ對シテ賦課スル市税ハ其所有者又ハ使用者ニ課賦スルコトヲ得

第百四條　市税ノ賦課ニ對スル訴願ハ賦課令狀《ふくわれいでう》ノ交付後三ヶ月以內ニ之ヲ市參事會ニ申立ツ可シ此期限ヲ經過《けいくわ》スルトキハ其年度內減税免税《げんぜいめんぜい》及償還《せうくわん》ヲ請求スルノ權利ヲ失フモノトス

第百五條　市税ノ賦課及ヒ市ノ營造物、市有財產並其所得ヲ使用スル權利ニ關スル訴願ハ市參事會之ヲ裁決ス但民法上ノ權利ニ係ルモノハ此限ニ在ラス

前項ノ裁決ニ不服アル者ハ府縣參事會ニ訴願シ其府縣參事會ノ裁決ニ不服アル者ハ行政裁判所ニ出訴スルコトヲ得

本條ノ訴願及訴訟ノ爲メニ其處分ノ執行《しこう》ヲ停止スルコトヲ得ス

第百六條　市ニ於テ公債《こうさい》ヲ募集《ぼしう》スルハ從前ノ公債元額《こうさいもとだか》ヲ償還《せうくわん》スル爲メ又ハ天災時變《てんさいじへん》等已《や》ムヲ得ザル支出《ししゆつ》若クハ市ノ永久《ゑいきう》ノ利益トナル可キ支出ヲ要スルニ方リ通常《つうでう》ノ歳入ヲ增加スルトキハ其市住民ノ負擔《ふたん》ニ堪《た》ヘサルノ場合ニ限ルモノトス

市會ニ於テ公債募集ノ事ヲ議決スルトキハ併《あは》セテ其募集ノ方法《しかた》、利息《りそく》ノ定率《ていりつ》及償還ノ方法《かへしかた》ヲ定ム可シ償還ノ初期《しよき》ハ三年以內ト爲シ年々償還ノ歩合《ぶあい》ヲ定メ募集ノ時ヨリ三十年以內ニ還了《かへしまふ》ス可シ

定額豫算內ノ支出ヲ爲スカ爲メ必要ナル一時ノ借入金《かりいれきん》ハ本條ノ例ニ依ラス其年度內ノ收入ヲ以テ償還ス可キモノトス但此場合ニ於テハ市會ノ議決ヲ要セス

第二欵　市ノ歳入出豫算《さいにふしゆつよさん》及決算《けつさん》

●市ノ歳入出豫算及決算

◉市ノ歳入出豫算及決算

第百七條　市參事會ハ毎會計年度收入支出ノ豫知《よち》シ得可キ金額《きんがく》ヲ見積《みつも》リ年度前二ケ月ヲ限リ歳入出豫算表ヲ調製《てうせい》ス可シ但市ノ會計年度ハ政府ノ會計年度ニ同シ

内務大臣ハ省令《せうれい》ヲ以テ豫算表調製ノ式《しき》ヲ定ムルコトヲ得

第百八條　豫算表ハ會計年度前市會ノ議決ヲ取リ之ヲ府縣知事ニ報告《はうこく》シ並地方慣行ノ方式《はうしき》ヲ以テ其要領《ようりやう》ヲ公告ス可シ

豫算表ヲ市會ニ提出スルトキハ市參事會ハ併セテ其市ノ事務報告書及ヒ財產明細表《ざいさんめいさいへう》ヲ提出スヘシ

第百九條　定額豫算外ノ費用又ハ豫算ノ不足《ふそく》アルトキハ市會ノ認定《にんてい》ヲ得テ之ヲ支出スルコトヲ得

定額豫算中臨時ノ場合《ばあい》ニ支出スルカ爲メニ豫備費《よびひ》ヲ置キ市參事會ハ豫《あらかじ》メ市會ノ認定ヲ受ケズシテ豫算外ノ費用又ハ豫算超過《あまり》ノ費用ニ充ツルコトヲ得但シ市會ノ否決《ひけつ》シタル費途《ひと》ニ充ツルコトヲ得ス

第百十條　市會ニ於テ豫算表ヲ議決シタルトキハ市長ヨリ其謄寫《ろうし》ヲ以テ之ヲ收入役《しうにうやく》ニ交付スヘシ其豫算表中監督官廳若《もし》クハ參事會ノ許可ヲ受ク可キ事項アルトキハ（第百二十一條ヨリ第百二十三條ニ至リ）先ツ其許可ヲ受ク可シ

收入役ハ市參事會（第六十四條第二項第三）又ハ監督官廳ノ命令アルニ非サレハ支拂《しはらい》ヲ爲スコトヲ得ス又收役入ハ市參事會ノ命令ヲ受クルモ其支出豫算表中ニ豫定《よてい》ナキカ又ハ其命令第百九條ノ規定ニ據《よ》ラサルトキハ支拂ヲ爲スコトヲ得ス

前項ノ規定ニ背キタル支拂ハ總テ收入役ノ責任《せきにん》ニ歸《き》ス

第百十一條　市ノ出納《すいとう》ハ毎月例日《れいじつ》ヲ定メテ撿査《けんさ》シ及毎年少クモ一回臨時撿査ヲ爲ス可シ例月撿査《れいげつけんさ》ハ市長又ハ其代理者之ヲ爲シ臨時《りんじ》撿査《けんさ》ハ市長又ハ其代理者ノ外市會ノ互撰《ごせん》シタル議員一名以上ノ立會《たちあい》ヲ要ス

第百十二條　決算ハ會計年度《くわいけいねんど》ノ終《をはり》ヨリ三ケ月以内ニ之ヲ結了《しまひ》シ證書類ヲ併《あは》セテ收入役ヨリ之ヲ市參事會ニ提出《もちだ》シ市參事會ハ之ヲ審査《しんさ》シ意見ヲ附《ふ》シテ之ヲ市會ノ認定ニ付ス可シ其市會ノ認定ヲ經《へ》タルトキハ市長ヨリ之ヲ府縣知事ニ報告ス可シ

決算報告ヲ爲ストキハ第三十八條及第四十三條ノ例ニ準《じゆん》シ市參事會員故障《さわり》アルモノトス

第五章　特別《とくべつ》ノ財産ヲ有スル市區《しく》ノ行政《ぎやうせい》

第百十三條　市内ノ一區ニシテ特別ニ財産ヲ所有シ若クハ營造物ヲ設ケ其區限《かぎ》リ特ニ其費用（第九十九條）ヲ負擔スルトキハ府縣參事會ハ其市會ノ意見ヲ聞キ條例《でうれい》ヲ發行《はつこう》シ財産及營造物ニ關スル事務《じむ》ノ爲メ區會ヲ設クルコトヲ得其會議ハ市會ノ例ヲ適用スルコトヲ得

第百十四條　前條ニ記載スル事務ハ市ノ行政ニ關スル規則ニ依リ市參事會之ヲ管理《くわんり》ス可シ但區ノ出納及會計ノ事務ハ之ヲ分別ス可シ

第六章　市行政《しぎやうせい》ノ監督《かんとく》

第百十五條　市行政ハ第一次ニ於テ府縣知事之ヲ監督《かんとく》シ第二次ニ於テ内務大臣之ヲ監督ス但法律ニ指定《してい》シタル場合ニ於テ府縣參事會ノ參與《さんよ》スルハ別段《べつだん》ナリトス

第百十六條　此法律中別段ノ規定アル場合ヲ除クノ外凡《ほかおよそ》市ノ行政ニ關スル府縣知事若クハ府縣參事會ノ處分若クハ裁決ニ不服アル者ハ内務大臣ニ訴願スルコトヲ得

●特別ノ財産ヲ有スル市區ノ行政

●市行政ノ監督

市ノ行政ニ關スル訴願ハ處分書若クハ裁決書ヲ交付シ又ハ之ヲ告知シタル日ヨリ十四日以内ニ其理由《りゆう》ヲ具シテ之ヲ提出スヘシ但此法律中別ニ期限《きげん》ヲ定ムルモノハ此限ニ在ラス

此法律中ニ指定スル場合ニ於テ府縣知事若クハ府縣參事會ノ裁決ニ不服《ふふく》アリテ行政裁判所ニ出訴セントスル者ハ裁決書ヲ交付《こうふ》シ又ハ之ヲ告知《こくち》シタル日ヨリ二十一日以内ニ出訴スヘシ

行政裁判所ニ出訴スルコトヲ許シタル場合ニ於テハ内務大臣ニ訴願スルコトヲ得ス

訴願及訴訟ヲ提出スルトキハ處分又ハ裁決ノ執行ヲ停止ス但此法律中別ニ規定アリ又ハ當該《とうがい》官廳《やくしよ》ノ意見ニ依リ其停止ノ爲メニ市ノ公益ニ害アリト爲ストキハ此限ニ在ラス

第百十七條　監督官廳ハ市行政ノ法律命令ニ背戻《はいれい》セサルヤ其事務措亂澁滯《みだれとゞこほり》セサルヤ否ヲ監視《かんし》ス可シ監督官廳ハ之カ爲メニ行政事務ニ關シテ報告ヲ爲サシメ豫算及決算等ノ書類帳簿《てうぼ》ヲ徴《てう》シ並實地《じつち》ニ就テ事務ノ現況《ありさま》ヲ視察シ出納ヲ檢閲《けんさ》スルノ權ヲ有ス

第百十八條　市ニ於テ法律勅令ニ依テ負擔シ又ハ當該官廳ノ職權《しよくけん》ニ依テ命令スル所ノ支出ヲ定額豫算ニ載セス又ハ臨時之ヲ承認《せうにん》セス又ハ實行セサルトキハ府縣知事ハ理由《わけ》ヲ示《しめ》シテ其支出額ヲ定額豫算表ニ加《くわ》ヘ又ハ臨時支出セシムル可シ

市ニ於テ前項ノ處分ニ不服アルトキハ行政裁判所ニ出訴スルコトヲ得

第百十九條　凡市會又ハ市參事會ニ於テ議決スヘキ事件ヲ議決セサルトキハ府縣參事會代《かわり》テ之ヲ議決ス可シ

第百二十條　内務大臣ハ市會ヲ解散《かゐさん》セシムルコトヲ得解散ヲ命シタル場合《ばあい》ニ於テハ同時ニ三ケ月以内更ニ議員ヲ改選ス可キコトヲ命ス可シ但改選市會ノ集會《しうくわい》スル迄ハ府縣參事會市會ニ代

テ一切ノ事件ヲ議決ス

第百二十一條　左ノ事件ニ關スル市會ノ議決ハ内務大臣ノ許可ヲ受クルコトヲ要ス

一　市條例ヲ設ケ並改正スル事

二　學藝、美術ニ關シ又ハ歷史《れきし》上貴重《きちよう》ナル物品ノ賣却《ばいきやく》讓與《じやうよ》質入《しちいれ》書入《かきいれ》交換《こうくわん》若クハ大ナル變《かはり》更ヲ爲ス事

前項第一ノ場合ニ於テハ勅裁《ちよくさい》ヲ經テ之ヲ許可ス可シ

第百二十二條　左ノ事件ニ關スル市會ノ議決ハ内務大臣及大藏大臣ノ許可ヲ受クルコトヲ要ス

一　新ニ市ノ負債《ふさい》ヲ起シ又ハ負債額ヲ增加シ及第百六條第二項ノ例《れい》ニ違《たが》フモノ但償還期限《せうくわんきげん》三年以内ノモノハ此限ニ在ラス

二　市特別稅《とくべつぜい》並使用料、手數料ヲ新設《しんせつ》シ增額《ぞうがく》シ又ハ變更スル事

三　地租七分ノ一其他直接國稅《ちよくせつこくぜい》百分ノ五十ヲ超過スル附加稅《ふかぜい》ヲ賦課スル事

四　間接國稅ニ附加稅ヲ賦課スル事

五　法律勅令ノ規定ニ依リ官廳ヨリ補助《ほじよ》スル步合金《ぶあひきん》ニ對シ支出金額ヲ定ムル事

第百二十三條　左ノ事件ニ關スル市會ノ議決ハ府縣參事會ノ許可ヲ受クルコトヲ要ス

一　市ノ營造物ニ關スル規則ヲ設ケ並改正スル事

二　基本財產《きほんざいさん》ノ處分ニ關スル事（第八十一條）

三　市有《しゆう》不動產《ふどうさん》ノ賣却讓與並質入書入ヲ爲ス事

四　各個人《かくかじん》特ニ使用スル市有土地使用法《しゆうとちしようほう》ノ變更ヲ爲ス事（第八十六條）

五　各種ノ保證《はせう》ヲ與《あた》フル事

六　法律勅令ニ依テ負擔スル義務ニ非スシテ向《むかふ》五ケ年以上ニ亘《わた》リ新ニ市住民ニ負擔ヲ課《くわ》スル事

七　均一ノ稅率《せいする》ニ據《よ》ラスシテ國稅府縣稅ニ附加稅ヲ賦課スル事（第九十條第二項）

八　第九十九條ニ從ヒ數個人又ハ市內ノ一區ニ費用ヲ賦課スル事

九　第百一條ノ準率《のり》ニ據ラスシテ夫役《ふやく》及現品ヲ賦課スル事

第百二十四條　府縣知事ハ市長、助役、市參事會員、委員、區長其他市吏員ニ對シ懲戒處分《いましめしよぶん》ヲ行フコトヲ得其懲戒處分ハ譴責《けんせき》及過怠金トス其過怠金ハ二十五圓以下トス

追テ市吏員ノ懲戒法ヲ設クル迄ハ左ノ區別《べつ》ニ從ヒ官吏懲戒例《くわんりてうかいれい》ヲ適用ス

一　市參事會ノ懲戒處分（第六十四條第二項第五）ニ不服アル者ハ府縣知事ニ訴願シ府縣知事ノ裁決ニ不服アル者ハ行政裁判所ニ出訴スルコトヲ得

二　府縣知事ノ懲戒處分ニ不服アル者ハ行政裁判所ニ出訴スルコトヲ得

三　本條第一項ニ揭載スル市吏員職務《しよくむ》ニ違《たが》フコト再三ニ及ヒ又ハ其情狀《でうじ》重《おも》キ者又ハ行狀ヲ亂《みだ》リ廉恥《れんち》ヲ失フ者財產ヲ浪費《らうひ》シ其分ヲ守《まも》ラサル者又ハ職務擧《あが》ラサル者ハ懲戒裁判《てうかいさいばん》ヲ以テ其職ヲ解《と》クコトヲ得其隨時解職《づいじかいしよく》スルコトヲ得可キ者ハ（第六十三條）懲戒裁判ヲ以テスルノ限ニ在ラス

總テ解職セラレタル者ハ自已《じぶん》ノ所爲《しわざ》ニ非スシテ職務ヲ執《と》ルニ堪ヘサルカ爲メ解職セラレタル塲合ヲ除クノ外退隱料ヲ受クルノ權ヲ失フモノトス

四　懲戒裁判ハ府縣知事其審問《しらべ》ヲ爲シ府縣參事會之ヲ裁決ス其裁決ニ不服アル者ハ行政裁判

所ニ出訴スルコトヲ得

市長ノ解職ニ係ル裁決ハ上奏シテ之ヲ執行ス

監督官廳ハ懲戒裁判ノ裁決前吏員《りいん》ノ停職ヲ命シ並給料《きうりよう》ヲ停止スルコトヲ得

第百二十五條　市吏員及使丁其職務ヲ盡サス又ハ權限《けんげん》ヲ越エタル事アルカ為メ市ニ對シテ賠償《つぐなひ》スベキコトアルトキハ府縣參事會之ヲ裁決ス其裁決ニ不服アル者ハ裁決書ヲ交付《こうふ》シ又ハ之ヲ告知シタル日ヨリ七日以内ニ行政裁判所ニ出訴スルコトヲ得但出訴ヲ為シタルトキハ府縣參事會ハ假《かり》ニ其財產ヲ差押《さしおさ》フルコトヲ得

第七章　附則《ふそく》

第百二十六條　此法律ハ明治二十二年四月一日ヨリ地方ノ情況《ありさま》ヲ裁酌《くみとり》シ府縣知事ノ具申《ぐしん》ニ依リ內務大臣指定《してい》スル地ニ之ヲ施行《しこう》ス

第百二十七條　府縣參事會及行政裁判所ヲ開設《かいせい》スル迄《まで》ノ間府縣參事會ノ職務ハ府縣知事行政裁判所ノ職務ハ內閣《ないかく》ニ於テ之ヲ行フ可シ

第百二十八條　此法律ニ依リ初テ議員ヲ選擧《せんきよ》スルニ付市參事會及市會ノ職務幷市條例《しでうれい》ヲ以テ定ム可キ事項ハ府縣知事又ハ其指命スル官吏ニ於テ之ヲ施行ス可シ

第百二十九條　社寺宗教《しやじしうけう》ノ組合《くみあひ》ニ關シテハ此法律ヲ適用セス現行《げんこう》ノ例規《れいき》及其地ノ習慣《ならわし》ニ從フ

第百三十條　此法律中ニ記載セル人口ハ最終《さいしう》ノ人口調查《しらべ》ニ依リ現役軍人《げんえきぐんじん》ヲ除キタル數ヲ云フ

第百三十一條　現行ノ租稅中此法律ニ於テ直接稅又ハ間接稅トス可キ類別《るいわけ》ハ內務大臣及大藏大臣之ヲ告示《こくし》ス

●附則

第百三十二條　明治九年十月第百三十號布告各區《かく、》町村《てうそん》金穀《きんこく》公借《こうしやく》共有物《けうゆうぶつ》取扱《とりあつかひ》土木《どぼく》起工《きこう》規則《きそく》、明治十一年七月第十七號布告郡區《ぐんく》町村《てうそん》編制法《へんせいはふ》第四條、明治十七年五月第十四號布告區町村會法、明治十七年五月第十五號布告《ふこく》、明治十七年七月第二十三號布告、明治十八年八月第二十五號布告其他此法律ニ抵觸《ていしよく》スル成規《きそく》ハ此法律施行《しこう》ノ日ヨリ總テ之ヲ廢止《はいし》ス

第百三十三條　內務大臣ハ此法律實行《じつかう》ノ責《せめ》ニ任《にん》シ之カ爲メ必要《ひつよう》ナル命令及訓令《くんれい》ヲ發布《はつぷ》ス可シ

町村制《てうそんせい》

●町村制

第八章　附則《ふそく》

町村制

第一章　總則

第一款　町村及其區域

第一條　此法律ハ市制《しせい》ヲ施行スル地ヲ除《のぞ》キ總《すべ》テ町村ニ施行《しかう》スルモノトス

第二條　町村ハ法律上一個人《こじん》ト均《ひとし》ク權利ヲ有シ義務ヲ負擔《ひきうけ》シ凡《すべて》町村公共《おほやけ》ノ事務ハ官ノ監督《しまり》ヲ受ケテ自ラ之ヲ處理《しまつ》スルモノトス

第三條　凡町村ハ從來《もと〳〵》ノ區域ヲ存《のこ》シテ之ヲ變更《くんこう》セス但將來《のち〳〵》其變更ヲ要スルコトアルキハ此法律ニ準據《よりしたがひ》スヘシ

第四條　町村ノ廢置分合《はいちわけあはせ》ヲ要スルトキハ關係《かゝりあい》アル市町村會及郡參事會《ぐんさんじくわい》ノ意見ヲ聞キ府縣參事會之ヲ議決《ぎけつ》シ內務大臣ノ許可ヲ受ク可シ

町村境界《さかひ》ノ變更ヲ要スルトキハ關係アル町村會及地主ノ意見ヲ聞キ郡參事會之ヲ議決《ぎけつ》ス其數郡ニ涉《わた》リ若クハ市ノ境界ニ涉ルモノハ府縣參事會之ヲ議決ス

町村ノ資力《しりよく》法律上ノ義務ヲ負擔スルニ堪《た》ヘス又ハ公益上ノ必要アルトキハ關係者《くわんけいしや》ノ異議《いぎ》ニ拘《か》ハラス町村ヲ合併《がつぺい》シ又ハ其境界ヲ變更スルコトアル可シ

本條ノ處分ニ付其町村ノ財產處分《ざいさんしまつ》ヲ要スルトキハ併セテ之ヲ議決ス可シ

第五條　町村ノ境界ニ關スル爭論《さうろん》ハ郡參事會之ヲ裁決ス其數郡ニ涉リ若クハ市ノ境界ニ涉ルモノハ府縣參事會之ヲ裁決ス其郡參事會ノ裁決ニ不服アル者ハ府縣參事會《ふけんさんじくわい》ニ訴願シ其府縣參事

會ノ裁決《さいけつ》ニ不服《ふふく》アル者ハ行政裁判所《ぎやうせいさいばんしよ》ニ出訴スルコトヲ得

第二款　町村住民及其權利義務

第六條　凡《およそ》町村內ニ住居《すまひ》ヲ占ムル者ハ總《すべ》テ其町村住民トス

凡町村住民タル者ハ此法律ニ從ヒ公共《こうきよう》ノ營造物幷町村有財産ヲ共用《きようよう》スルノ權利ヲ有シ及町村ノ負擔ヲ分任《わけもち》スルノ義務《やくめ》ヲ有スルモノトス但特《とく》ニ民法上《みんぽうじやう》ノ權利及義務ヲ有スル者アルトキハ此限ニ在ラス

第七條　凡帝國臣民《につぽんのくにたみ》ニシテ公權ヲ有スル獨立《ひとりだち》ノ男子二年以來《このかた》(一)町村ノ住民トナリ(二)其町村ノ負擔《ひきうけ》ヲ分任《わけもち》シ及(三)其町村內ニ於テ地租《ちそ》ヲ納《おさ》メ若クハ直接國稅年額《ちよくせつこくぜいねんだか》二圓以上ヲ納ムル者ハ其町村公民《ちやうそんこうみん》トス其公費《こうひ》ヲ以テ救助《すくひ》ヲ受ケタル後二年ヲ經サル者ハ此限ニ在ラス但塲合《ばあい》ニ依リ町村會ノ議決ヲ以テ本條ニ定ムル二ケ年ノ制限《かぎり》ヲ特免《ゆるす》スルコトヲ得

此法律ニ於テ獨立ト稱スルハ滿二十五歲以上ニシテ一戶ヲ構《かま》ヘ且治産《しんだいをおさむる》ノ禁ヲ受ケサル者ヲ云フ

第八條　凡町村公民ハ町村ノ選擧《せんきよ》ニ參與《さんよ》シ町村ノ名譽職《めいよしよく》ニ選擧セラルヽノ權利《けんり》アリ又其名譽職ヲ擔任《ひきうけ》スルハ町村公民ノ義務ナリトス

左ノ理由《わけ》アルニ非サレハ名譽職ヲ拒辭《たたい》シ又ハ任期中退職《たいしよく》スルコトヲ得ス

一　疾病《やまひ》ニ罹《かゝ》リ公務ニ堪ヘサル者

二　營業《なりわひ》ノ爲メニ常《ふだん》ニ其町村內ニ居ルコトヲ得サル者

三　年齡《さし》滿六十歲以上ノ者

四　官職ノ爲メニ町村ノ公務《こうむ》チ執《と》ルコトヲ得サル者

五　四年間無給《むきう》ニシテ町村吏員ノ職ニ任シ爾後《そのご》四年ヲ經過セサル者及六年間町村議員ノ職ニ居リ爾後六年ヲ經過セル者

六　其他町村會ノ議決ニ於テ正當《せいたう》ノ理由アリト認ムル者

前項ノ由理ナクシテ名譽職ヲ拒辭シ又ハ任期中退職シ若クハ無任期《むにんき》ノ職務チ少クモ三年間擔《たん》當《たう》セス又ハ其職務ヲ實際《じつさい》ニ執行《しこう》セサル者ハ町村會ノ議決チ以テ三年以上六年以下其町村公民タルノ權ヲ停止シ且同年期間其負擔ス可キ町村費ノ八分一乃至《ないし》四分一チ增課スルコトチ得

前項町村會ノ議決ニ不服アル者ハ郡參事會ニ訴願シ其郡參事會ノ裁決ニ不服アル者ハ府縣參事會ニ訴願シ其府縣參事會ノ裁決ニ不服アル者ハ行政裁判所ニ出訴スルコトチ得

第九條　町村公民タル者第七條ニ揭載《けいさい》スル要件ノ一チ失フトキハ其公民タルノ權チ失フモノトス

町村公民タル者身代限處分中又ハ公權剝奪《こうけんはくだつ》若クハ停止《ていし》チ附加《ふか》ス可キ重輕罪《ちうけいざい》ノ爲メ裁判上ノ訊《じん》問《もん》若クハ勾留中《こうりうちう》又ハ租稅滯納處分中《たいのうしよぶんちう》ハ其公民タルノ權チ停止ス

陸海軍ノ現役《げんえき》ニ服スル者ハ町村ノ公務ニ參與《さんよ》セサルモノトス

町村公民タル者ニ限リテ任《にん》ス可キ職務ニ在ル者本條《このきそく》ノ場合ニ當ルトキハ其職務チ解ク可キモノトス

第三欵　町村條例

第十條　町村ノ事務及町村住民ノ權利義務ニ關シ此法律中ニ明文《めいぶん》ナク又ハ特例《とくれい》チ設クルコトチ

許セル事項ハ各町村ニ於テ特ニ條例《でうれい》ヲ設ケテ之ヲ規定《さだめ》スルコトヲ得
町村ニ於テハ其町村ノ設置《もふけ》ニ係《かゝ》ル營造物《つくりもの》ニ關シ規則ヲ設クルコトヲ得
町村條例及規則ハ法律命令ニ抵觸《ていしよく》スルコトヲ得ズ且之ヲ發行スルトキハ地方慣行《ならわし》ノ公告式《こうこくしき》ニ依ル可シ

第二章　村町會

第一款　組織及選擧

第十一條　町村會議員ハ其町村ノ選擧人《せんきよにん》其被選擧權《ひせんきよけん》アル者ヨリ之ヲ選擧ス其定員《きまりかず》ハ其町村ノ人口ニ準《したがひ》シ左ノ割合《わりあい》ヲ以テ之ヲ定ム但町村條例ヲ以テ特ニ之ヲ增減《ましへらし》スルコトヲ得

一　人口千五百未滿《みまん》ノ町村ニ於テハ　議員八人
一　人口千五百以上五千未滿ノ町村ニ於テハ　議員十二人
一　人口五千以上一萬未滿ノ町村ニ於テハ　議員十八人
一　人口一萬以上二萬未滿ノ町村ニ於テハ　議員二十四人
一　人口二萬以上ノ町村ニ於テハ　議員三十人

第十二條　町村公民（第七條）ハ總テ選擧權ヲ有ス但其公民權ヲ停止セラルヽ者（第八條第三項第九條第二項）及陸海軍ノ現役ニ服スル者ハ此限ニ在ラス
凡內國人《ないこくじん》ニシテ公權ヲ有ス直接町村稅《ちよくせつてうそんぜい》ヲ納ムル者其額町村公民ノ最多《もつともおほく》ク納稅《のうぜい》スル者三名中ノ一人ヨリモ多キトキハ第七條ノ要件《ようけん》ニ當ラスト雖モ選擧權ヲ有ス但公民權ヲ停止セラルヽ者及陸海軍ノ現役ニ服スル者ハ此限ニ在ラス

法律ニ從テ設立《たて》シタル會社《きう》其他法人《ほふにん》ニシテ前項ノ場合ニ當ルトキモ亦同シ

第十三條　選擧人ハ分《わかち》テ二級ト爲ス

選擧人中直接町村税《ちよくせつてうそんせい》ノ納額多キ者ヲ合セテ選擧人全員ノ納ムル總額《そうたか》ノ半《はん》ニ當ル可キ者ヲ一級トシ爾餘《そのよ》ノ選擧人ヲ二級トス

一級二級ノ間納税額兩級ニ跨《またが》ル者アルトキハ一級ニ入ル可シ又兩級ノ間ニ同額ノ納税者二名以上アルトキハ其町村内ニ住居《すまゐ》スル年數ノ多キ者ヲ以テ一級ニ入ル若《も》シ住居ノ年數ニ依リ難キトキハ年齢《とし》ヲ以テシ年齢ニモ依リ難キトキハ町村長抽籤《ちうせん》ヲ以テ之ヲ定ム可シ

選擧人毎級各別《まいきうべつべつ》ニ議員ノ半數《はんすう》ヲ選擧ス其被選擧人《ひせんきよにん》ハ同級内ノ者ニ限ラス兩級ニ通《つう》シテ選擧セラルヽコトヲ得

第十四條　特別《とゝべつ》ノ事情《わけ》アリテ前條ノ例《ためし》ニ依リ難キ町村ニ於テハ町村條例ヲ以テ別ニ選擧ノ特例《とくれい》ヲ設クルコトヲ得

第十五條　選擧權ヲ有スル町村公民（第十二條第一項）ハ總《すべ》テ被選擧權ヲ有ス

左ニ掲クル者ハ町村會議員タルコトヲ得ス

一　所屬府《しよぞくふ》縣郡《けんぐん》ノ官吏
二　有給《ゆうきう》ノ町村吏員
三　檢察官《けんさつくわん》及警察官吏《けいさつくわんり》
四　神官僧侶《しんくわんそうりよ》及其他諸宗教師《しよしうけうし》
五　小學校教員

其他官吏ニシテ當選《とうせん》シ之ニ應セントスルトキハ所屬長官ノ許可《ゆるし》ヲ受ク可シ

代言人ニ非スシテ他人ノ爲メニ裁判所又ハ其他ノ官廳ニ對シテ事ヲ辨《べん》スルヲ以テ業《しごと》ト爲ス者ハ議員ニ選擧セラルヽコトヲ得ス

父子《おやこ》兄弟《けうだい》タルノ緣故《ちなみ》アル者ハ同時ニ町村會議員タルコトヲ得ス其同時ニ選擧セラレタルトキハ投票《とうへう》ノ數ニ依テ其多キ者一人ヲ當選《とうせん》トシ若シ同數ナレハ年長者ヲ當選トス其時ヲ異《こと》ニシテ選擧セラレタル者ハ後者《のちのもの》議員タルコトヲ得ス

町村長若クハ助役《じよやく》トノ間父子兄弟タルノ緣故アル者ハ之ト同時ニ町村會議員タルコトヲ得ス若シ議員トノ間ニ其緣故アル者町村長若クハ助役ニ選擧セラレ認可《ゆるし》ヲ受クルトキハ其緣故アル議員其職ヲ退ク可シ

第十六條 議員ハ名譽職トス其任期《にんき》ハ六年トシ毎三年各級ニ於テ其半數ヲ改選《かいせん》ス若シ各級ノ議員二分《ぶん》シ難キトキハ初回《しよど》ニ於テ多數ノ一半《はんぶん》ヲ解任《かいにん》セシム初回ニ於テ解任ス可キ者ハ抽籤ヲ以テ之ヲ定ム

退任ノ議員ハ再選セラルヽコトヲ得

第十七條 議員中闕員《かけかず》アルトキハ毎三年定期《ていき》改選《かいせん》ノ時ニ至リ同時ニ補闕選擧《はけつせんきよ》ヲ行フ可シ若シ定員三分ノ一以上闕員アルトキ又ハ町村會町村長若クハ郡長ニ於テ臨時補闕ヲ必要《たいせつ》ト認ムルトキハ定期前ト雖モ其補闕選擧ヲ行フ可シ

補闕議員ハ其前任者ノ殘任期間《のこりにんきかん》在職スルモノトス

定期改選及補闕選擧トモ前任者ノ選擧セラレタル選擧等級ニ從テ之カ選擧ヲ行フ可シ

第十八條　町村長ハ選擧ヲ行フ毎ニ其選擧前六十日ヲ限リ選擧原簿《せんきよもとてう》ヲ製シ各選擧人ノ資格《しかく》ヲ記《しる》載シ此原簿《もとてう》ニ據《よ》リ選擧人名簿ヲ製ス可シ

選擧人名簿ハ七日間町村役場《てうそんやくば》ニ於テ之ヲ關係者ノ縱覽《じうらん》ニ供ス可シ若シ關係者ニ於テ訴願セントスルコトアルトキハ同期限内《なかしたい》ニ之ヲ町村長ニ申立ツ可シ町村長ハ町村會ノ裁決（第三十七條第一項ニ依リ名簿ヲ修正ス可キトキハ選擧前十日ヲ限リテ之ニ修正ヲ加ヘテ確定名簿《かくていめいぼ》トナシ之ニ登錄《しるし》セラレサル者ハ何人タリトモ選擧ニ關スルコトヲ得ス

本條ニ依リ確定シタル名簿ハ當選ヲ辭シ若クハ選擧ノ無效《むかう》トナリタル場合ニ於テ更ニ選擧ヲ爲ストキモ亦之ヲ適用ス

第十九條　選擧ヲ執行《しこう》スルトキハ町村長ハ選擧ノ場所《ばしよ》日時《ひとき》ヲ定メ及選擧ス可キ議員ノ數ヲ各級ニ分チ選擧前七日ヲ限リテ之ヲ公告ス可シ

各級ニ於テ選擧ヲ行フノ順序《じゆんじよ》ハ先《ま》ツ二級ノ選擧ヲ行ヒ次《つぎ》ニ一級ノ選擧ヲ行フ可シ

第二十條　選擧掛ハ名譽職トシ町村長ニ於テ臨時《りんじ》ニ選擧人中ヨリ二名若クハ四名ヲ選任《せんにん》シ町村長若クハ其代理者ハ其掛長《かゝりちやう》トナリ選擧會ヲ開閉《かいへい》シ其會場ノ取締《とりしまり》ニ任ス

第二十一條　選擧開會中ハ選擧人ノ外何人タリトモ選擧會場ニ入ルコトヲ得ス選擧人ハ選擧會場ニ於テ協議《そうだん》又ハ勸誘《すゝめ》ヲ爲スコトヲ得ス

第二十二條　選擧ハ投票ヲ以テ之ヲ行フ投票ニハ被選擧人ノ氏名《なまい》ヲ記シ封緘《ふうしん》ノ上選擧人自ラ掛長ニ差出《さしだ》ス可シ但選擧人ノ氏名ハ投票ニ記入スルコトヲ得ス

選擧人投票ヲ差出ストキハ自己《じぶん》ノ氏名及住所ヲ掛長ニ申立テ掛長ハ選擧人名簿ニ照《てら》シテ之ヲ受ケ封緘ノ儘投票函《まゝとうひやうかん》ニ投入ス可シ但投票函ハ投票ヲ終ル迄之ヲ開クコトヲ得ス

第二十三條　投票ニ記載ノ人員其選擧ス可キ定數《きまりかず》ニ過《す》キ又ハ不足《ふそく》アルモ其投票ヲ無效《むかう》トセス其定數ニ過クルモノハ末尾《すゑ》ニ記載シタル人名ヲ順次《じゆんじ》ニ棄却《すつ》ス可シ

左ノ投票ハ之ヲ無效トス

一　人名ヲ記載セス又ハ記載セル人名ノ讀ミ難キモノ

二　被選擧人ノ何人タルヲ確認《しかとみとめ》シ難キモノ

三　被選擧權ナキ人名ヲ記載スルモノ

四　被選擧人氏名ノ外他事ヲ記入スルモノ

第二十四條　投票ノ受理《うけをさめ》並效力ニ關スル事項ハ選擧掛《せんきよがかり》假ニ之ヲ議決ス可否同數ナルトキハ掛長之ヲ決ス

選擧ハ選擧人自ラ之ヲ行フ可シ他人ニ託《たく》シテ投票ヲ差出スコトヲ許サス

第十二條　第二項ニ依リ選擧權ヲ有スル者ハ代人ヲ出シテ選擧ヲ行フコトヲ得若シ其獨立ノ男子ニ非サル者又ハ會社其他法人《はうにん》ニ係《かゝ》ルトキハ必ス代人ヲ以テス可シ其代人ハ内國人ニシテ公權ヲ有スル獨立ノ男子ニ限ル但一人ニシテ數人ノ代理《だいり》ヲ爲スコトヲ得ス且代人ハ委任《いにん》狀《じやう》ヲ選擧掛ニ示シテ代理ノ證トス可シ

第二十五條　町村ノ區域廣濶《ひろき》ナルトキ又ハ人口稠密《しげくこまか》ナルトキハ町村會ノ議決ニ依リ區劃《くぎり》ヲ定メテ選擧分會《せんきよぶんくわい》ヲ設クルコトヲ得但特ニ二級選擧人ノミ此分會ヲ設クルモ妨ケナシ

分會ノ選擧掛《せんきよがかり》ハ町村長ノ選任シタル代理者ヲ以テ其長トシ第二十條ノ例ニ依リ掛員二名若クハ四名ヲ選任ス選擧分會ニ於テ爲シタル投票ハ投票函ノ儘《まゝ》本會ニ集《あつ》メテ之ヲ合算《あはせかぞへ》シ總數ヲ以テ當選ヲ定ム

選擧分會ハ本會ト同日時ニ之ヲ開ク可シ其他選擧ノ手續《てつゞき》會場ノ取締等總《すべ》テ本會ノ例ニ依ル

第二十六條　議員ノ選擧ハ有效投票ノ多數ヲ得ル者ヲ以テ當選トス投票ノ數相同キモノハ年長者ヲ取リ同年ナルトキハ掛長自ラ抽籤シテ其當選ヲ定ム

同時ニ補闕員數名ヲ選擧スルトキハ(第十七條)投票數ノ最多キ者ヲ以テ殘任期《のこりにき》ノ最長キ前任者ノ補闕《ほけつ》ト爲シ其數相同キトキハ抽籤ヲ以テ其順序ヲ定ム

第二十七條　選擧掛ハ選擧錄《せんきよろく》ヲ製シテ選擧ノ顛末《てんまつ》ヲ記錄シ選擧ヲ終リタル後之ヲ朗讀《ろうどく》シ選擧人名簿《めいぼ》其他關係書類《かゝりあひしよるゐ》ヲ合綴シテ之ニ署名《しよめい》ス可シ

投票ハ之ヲ選擧錄ニ附屬《ふぞく》シ選擧ヲ結了《しまひ》スルニ至ル迄《まで》之ヲ保存《ほぞん》ス可シ

第二十八條　選擧ヲ終リタル後選擧掛長ハ直《すぐ》ニ當選者ニ其當選ノ旨《むね》ヲ告知《こくち》ス可シ其當選ヲ辭《じ》セントスル者ハ五日以內ニ之ヲ町村長ニ申立ツ可シ

一人ニシテ兩級ノ選擧ニ當リタルトキハ同期限內何レノ選擧ニ應ス可キコトヲ申立ツ可シ其期限內ニ之ヲ申立テサル者ハ總テ其選擧ヲ辭スル者トナシ第八條ノ處分《しよぶん》ヲ爲ス可シ

第二十九條　選擧人選擧ノ効力ニ關シテ訴願セントスルトキハ選擧ノ日ヨリ七日以內ニ之ヲ町村長ニ申立ツルコトヲ得(第三十七條第一項)

町村長ハ選擧ヲ終リタル後之ヲ郡長《ぐんちやう》ニ報告シ郡長ニ於テ選擧ノ効力ニ關シ異議《ゐぎ》アルトキハ訴願ノ有無《あるなし》ニ拘《かゝは》ラス郡參事會ニ付シテ處分ヲ行フコトヲ得

選擧ノ定規《ていき》ニ違背《ゐはい》スルコトアルトキハ其選擧ヲ取消《とりけ》シ又被選擧人中其資格《しかく》ノ要件《ようけん》ヲ有セサル者アルトキハ其人ノ當選ヲ取消《とりけ》シ更ニ選擧ヲ行ハシム可シ

第三十條　當選者中其資格ノ要件ヲ有セザル者アルコトヲ發見《はつけん》シ又ハ就職《しゆしよく》後其要件ヲ失フ者アルトキハ其人ノ當選ハ効力ヲ失フモノトス其要件ノ有無ハ町村會之ヲ議決ス

第三十一條　小町村ニ於テハ郡參事會ノ議決《ぎけつ》ヲ經《へ》町村條例ノ規定《さだめ》ニ依リ町村會ヲ設ケス選擧權ヲ有スル町村公民ノ總會ヲ以テ之ニ充ツルコトヲ得

第二款　職務權限及處務規程《しよむきてい》

第三十二條　町村會ハ其町村ヲ代表《だいへう》シ此法律ニ準據《よりしたがひ》シテ町村一切《さい》ノ事件幷從前《もとより》特ニ委任《いにん》セラレ又ハ將來《のちく》法律勅令ニ依テ委任セラルヽ事件ヲ議決スルモノトス

第三十三條　町村會ノ議決ス可キ事件ノ概目《あらまし》左ノ如シ

一　町村條例及規則ヲ設ケ幷改正スル事

二　町村費ヲ以テ支辨《しべん》ス可キ事業但《たゞし》第六十九條ニ揭クル事務ハ此限ニ在ラス

三　歲入出豫算ヲ定メ豫算外ノ支出及豫算超過《てうくわ》ノ支出ヲ認定スル事

四　決算報告《けつさんはうこく》ヲ認定スル事

五　法律勅令ニ定ムルモノヲ除《のぞ》クノ外使用料、手數料、町村稅及夫役現品《ふやくけんぴん》ノ賦課徵收《ふくわちようしう》ノ法ヲ定ムル事

六　町村有不動產ノ賣買交換讓受讓渡幷質入書入ヲ爲ス事

七　基本財產《きほんざいさん》ノ處分《しよぶん》ニ關スル事

八　歲入出豫算ヲ以テ定ムルモノヲ除クノ外新ニ義務ノ負擔《ひきうけ》ヲ爲シ及權利ノ棄却《きやく》ヲ爲ス事

九　町村有ノ財產及營造物ノ管理方法ヲ定ムル事

●職務權限及處務規程

●職務權限及處務規程

十　町村吏員ノ身元保證金《みもとほしようきん》ヲ徴シ並其金額《きんだか》ヲ定ムル事

十一　町村ニ係ル訴訟及和解《わかい》ニ關スル事

第三十四條　町村會ハ法律勅令ニ依リ其職權ニ屬《ぞく》スル町村吏員ノ選擧ヲ行フ可シ

第三十五條　町村會ハ町村ノ事務ニ關スル書類及計算書《かんでうがき》ヲ撿閲《しらべ》シ町村長ノ報告ヲ請求《もとめ》シテ事務ノ管理《くわんり》議決ノ施行《しかう》並收入支出ノ正否《よしあし》ヲ監査《きんみ》スルノ職權ヲ有ス

町村會ハ町村ノ公益ニ關スル事件ニ付意見書《いけんしよ》ヲ監督官廳ニ差出スコトヲ得

第三十六條　町村會ハ官廳ノ諮問《とひ》アルトキハ意見ヲ陳述《のぶ》スヘシ

第三十七條　町村住民及公民タル權利ノ有無《あるなし》選擧、權及被選擧權ノ有無、選擧人名簿ノ正否並其等級《とうきう》ノ當否《とうひ》代理ヲ以テ執行スル選擧權（第十二條第二項）及町村會議員選擧ノ效力第二十九條ニ關スル訴願ハ町村會之ヲ裁決ス

前項ノ訴願中町村住民及公民タル權利ノ有無並選擧權ノ有無ニ關スルモノハ町村會ノ設ケナキ町村ニ於テハ町村長之ヲ裁決ス

町村會若クハ町村長ノ裁決ニ不服《ふふく》アル者ハ郡參事會ニ訴願《そくわん》シ其郡參事會ノ裁決ニ不服アル者ハ府縣參事會ニ訴願シ其府縣參事會ノ裁決ニ不服アル者ハ行政裁判所ニ出訴スルコトヲ得

本條ノ事件ニ付テハ町村長ヨリモ亦訴願及訴訟ヲ爲スコトヲ得

本條ノ訴願及訴訟ノ爲メニ其執行ヲ停止スルコトヲ得ス但判決確定《はんけつかくてい》スルニ非ザレハ更《さら》ニ選擧ヲ爲スコトヲ得ス

第三十八條　凡議員タル者ハ選擧人ノ指示若クハ委囑《たのみ》ヲ受ク可ラサルモノトス

第三十九條　町村會ハ町村長ヲ以テ其議長トス若シ町村長故障《さわり》アルトキハ其代理タル町村助役《てうそんじよやく》ヲ以テ之ニ充ツ

第四十條　會議ノ事件議長及其父母兄弟若クハ妻子ノ一身上ニ關スル事アルトキハ議長ニ故障アルモノトシテ其代理者之ニ代ル可シ

議長代理者共ニ故障アルトキハ町村會ハ年長ノ議員ヲ以テ議長ト爲ス可シ

第四十一條　町村長及助役ハ會議ニ列席《れつせき》シテ議事ヲ辨明《べんめい》スルコトヲ得

第四十二條　町村會ハ會議ノ必要《ひつよう》アル毎ニ議長之ヲ招集《せうしう》ス若シ議員四分ノ一以上ノ請求アルトキハ必ス之ヲ招集ス可シ

其招集並會議ノ事件ヲ告知スルハ急施《いうぎ》ヲ要スル場合ヲ除《のぞ》クノ外少クモ開會ノ三日前タル可シ

但町村會ノ議決ヲ以テ豫《あらかじ》メ會議日ヲ定ムルモ妨ケナシ

第四十三條　町村會ハ議員三分ノ二以上出席スルニ非サレハ議決スルコトヲ得ス但同一ノ議事ニ付招集再回ニ至ルモ議員猶三分ノ二ニ滿《み》タサルトキハ此限ニ在ラス

第四十四條　町村會ノ議決ハ可否ノ多數ニ依リ之ヲ定ム可否同數ナルトキハ再議《さいぎ》議決《けつ》ス可シ若シ猶同數ナルトキハ議長ノ可否スル所ニ依ル

第四十五條　議決ハ自己及其父母兄弟若クハ妻子ノ一身上ニ關スル事件《じけん》ニ付テハ町村會議決ニ加《くは》ハルコトヲ得ス

議員ノ數此除名《じよめい》ノ爲メニ減少シテ會議ヲ開クノ定數ニ滿タサルトキハ郡參事會町村會ニ代テ議決ス

●職務權限及處務規程

第四十六條　町村會ニ於テ町村吏員ノ選擧ヲ行フトキハ其一名毎ニ匿名投票《かくしなとうひょう》ヲ以テ之ヲ爲シ有效投票ノ過半數ヲ得ル者ヲ以テ當選トス若シ過半數ヲ得ル者ナキトキハ最多數ヲ得ル者二名ヲ取リ之ニ就テ更ニ投票セシム若シ最多數ヲ得ル者三名以上同數ナルトキハ議長自ラ抽籤《ちうせん》シテ其二名ヲ取リ更ニ投票セシム此再投票ニ於テモ猶《なほ》過半數ヲ得ル者ナキトキハ抽籤ヲ以テ當選ヲ定ム其他ハ第二十二條第二十三條第二十四條第一項ヲ適用ス

前項ノ選擧ニハ町村會ノ議決ヲ以テ指名推選《しめいすいせん》ノ法ヲ用フルコトヲ得

第四十七條　町村會ノ會議ハ公開《こうかい》ス但議長ノ意見ヲ以テ傍聽《ばうてう》ヲ禁《きん》スルコトヲ得

第四十八條　議長ハ各議員ニ事務ヲ分課《ぶんくわ》シ會議及選擧ノ事ヲ總理《そうり》シ開會閉會幷延會《ゑんくわい》ヲ命シ議場ノ秩序《ちつじよ》ヲ保持ス若シ傍聽者ノ公然《おもてむき》賛成《さんせい》又ハ擯斥《ひんせき》ヲ表《ひよう》シ又ハ喧擾《けんぜう》ヲ起ス者アルトキハ議長ハ之ヲ議場外ニ退出《たいしゆつ》セシムルコトヲ得

第四十九條　町村會ハ書記ヲシテ議事錄《ぎじろく》ヲ製シテ其議決及選擧ノ顛末並出席議員ノ氏名ヲ記錄セシム可シ議事錄ハ選擧ノ末之ヲ朗讀《ろうどく》シ議長及議員二名以上之ニ署名ス可シ

町村會ノ書記ハ議長之ヲ選任ス

第五十條　町村會ハ其會議細則ヲ設ク可シ其細則ニ違背《ゐはい》シタル議員ニ科ス可キ過怠金《くわたいきん》二圓以下ノ罰則ヲ設クルコトヲ得

第五十一條　第三十二條ヨリ第四十九條ニ至ルノ規定ハ之ヲ町村總會ニ適用ス

第三章　町村行政

第一款　町村吏員ノ組織選任

第五十二條　町村ニ町村長及町村助役各一名ヲ置ク可シ但町村條例ヲ以テ助役ノ定員ヲ増加《ましくわへ》スルコトヲ得

第五十三條　町村長及助役ハ町村會ニ於テ其町村公民中年齢《とし》満《まん》三十歳以上ニシテ選擧權ヲ有スル者ヨリ之ヲ選擧ス

町村長及助役ハ第十五條第二項ニ掲載スル職ヲ兼ヌルコトヲ得ス

父子兄弟タルノ縁故アル者ハ同時ニ町村長及助役ノ職ニ在ルコトヲ得ス若シ其縁故アル者助役ノ選擧ニ當ルトキハ其當選ヲ取消《とりけ》シ其町村長ノ選擧ニ當リテ認可ヲ得ルトキハ其縁故アル助役ハ其職ヲ退ク可シ

第五十四條　町村長及助役ノ任期ハ四年トス

町村長及助役ノ選擧ハ第四十六條ニ依テ行フ可シ但投票同數ナルトキハ抽籤ノ法ニ依ラス郡參事會之ヲ決ス可シ

第五十五條　町村長及助役ハ名譽職トス但第五十六條ノ有給町村長及有給助役ハ此限ニ在ラス

町村長ハ職務取扱ノ爲メニ要スル實費《じつひ》辨償《べんせう》ノ外勤務《つとめ》ニ相當《さうとう》スル報酬《むくい》ヲ受クルコトヲ得助役ニシテ行政事務ノ一部ヲ分掌スル場合（第七十條第二項）ニ於テモ亦同シ

第五十六條　町村ノ情況《ありさま》ニ依リ町村條例ノ規定ヲ以テ町村長ニ給料ヲ給スルコトヲ得又大ナル町村ニ於テハ町村條例ノ規定ヲ以テ助役一名ヲ有給吏員ト爲スコトヲ得

有給町村長及有給助役ハ其町村公民タル者ニ限ラス但當選ニ應シ認可《ゆるし》ヲ得ルトキハ其公民タルノ權ヲ得

○町村吏員ノ組織選任

第五十七條　有給町村長及有給助役ハ三ケ月前ニ申立ツルトキハ隨時《ずいじ》退職ヲ求ムルコトヲ得此場合ニ於テハ退隱料《たいゐんりやう》ヲ受クルノ權ヲ失フモノトス

第五十八條　有給町村長及有給助役ハ他ノ有給ノ職務ヲ兼任《けんにん》シ又ハ株式會社ノ社長及重役《おもやく》トナルコトヲ得ス其他ノ營業ハ郡長ノ認許ヲ得ルニ非サレハ之ヲ爲スコトヲ得ス

第五十九條　町村長及助役ノ選擧ハ府縣知事ノ認可ヲ受ク可シ

第六十條　府縣知事前條ノ認可ヲ與ヘサルトキハ府縣參事會ノ意見ヲ聞クコトヲ要ス若シ府縣參事會同意《どうゐ》セサルモ猶《なほ》府縣知事ニ於テ認可ス可カラスト爲ストキハ自己《じぶん》ノ責任《せめ》ヲ以テ之ニ認可ヲ與ヘサルコトヲ得

府縣知事ノ不認可《ふにんか》ニ對シ町村長又ハ町村會ニ於テ不服《ふく》アルトキハ內務大臣ニ具申《ぐしん》シテ認可ヲ請フコトヲ得

第六十一條　町村長及助役ノ選擧其認可ヲ得サルトキハ再選擧ヲ爲ス可シ

再選擧ニシテ猶其認可ヲ得サルトキハ追テ選擧ヲ行ヒ認可ヲ得ルニ至ルノ間認可ノ權アル監督官廳ハ臨時ニ代理者ヲ選任シ又ハ町村費ヲ以テ官吏ヲ派遣《はけん》シ町村長及助役ノ職務ヲ管掌セシム可シ

第六十二條　町村ニ收入役一名ヲ置ク收入役ハ町村長ノ推撰《すいせん》ニ依リ町村會之ヲ選任ス

收入役ハ有給吏員ト爲シ其任期ハ四年トス

收入役ハ町村長及助役ヲ兼ヌルコトヲ得ス其他第五十六條第二項第五十七條及第七十六條ヲ適用ス

收入役ノ選任ハ郡長ノ認可ヲ受ク可シ若シ認可ヲ與ヘサルトキハ郡參事會ノ意見ヲ聞クコトヲ要ス郡參事會之ニ同意セザルモ猶郡長ニ於テ認可ス可カラスト爲ストキハ自已ノ責任ヲ以テ之ニ認可ヲ與ヘサルコトヲ得

其他第六十一條ヲ適用ス

郡長ノ不認可ニ對シ町村長又ハ町村會ニ於テ不服アルトキハ府縣知事ニ具申シテ認可ヲ請フコトヲ得

收入支出ノ寡少《わづか》ナル町村ニ於テハ郡長ノ許可ヲ得テ町村長又ハ助役ヲシテ收入役《しうにうやく》ノ事務ヲ兼《かねつ》掌《かさどり》セシムルコトヲ得

第六十三條　町村ニ書記其他必要ノ附屬員《ふぞくいん》並使丁《こづかい》ヲ置キ相當ノ給料ヲ給ス其人員《ひとかず》ハ町村會ノ議決ヲ以テ之ヲ定ム但町村長ニ相當ノ書記料ヲ給與シテ書記ノ事務ヲ委任《いにん》スルコトヲ得

町村附屬員ハ町村長ノ推撰ニ依リ町村會之ヲ選任《せんにん》シ使丁ハ町村長之ヲ任用《にんよう》ス

第六十四條　町村ノ區域廣濶ナルトキ又ハ人口稠密ナルトキハ處務《しよむ》便宜《べんぎ》ノ爲メ町村會ノ議決ニ依リ之ヲ數區《すうく》ニ分チ毎區區長及代理者各一名ヲ置クコトヲ得區長及其代理者ハ名譽職トス

區長及其代理者ハ町村會ニ於テ其町村ノ公民中選擧權ヲ有スル者ヨリ之ヲ選擧ス區會第百十四條ヲ設クル區ニ於テハ其區會ニ於テ之ヲ選擧ス

第六十五條　町村ハ町村會ノ議決ニ依リ臨時又ハ常設《ふだんおき》ノ委員《いゝん》ヲ置クコトヲ得其委員ハ名譽職トス

委員ハ町村會ニ於テ町村會議員又ハ町村公民中選擧權ヲ有スル者ヨリ選擧シ町村長又ハ其委

●町村吏員ノ組織權限

任ヲ受ケタル助役ヲ以テ委員長《いゝんてう》トス

常設委員ノ組織《くみたて》ニ關シテ町村條例ヲ以テ別段《べつだん》ノ規定ヲ設クルコトヲ得

第六十六條　區長及委員ニハ職務取扱ノ爲メニ要スル實費辨償《じんぱべんせう》ノ外町村會ノ議決ニ依リ勤務ニ相當スル報酬ヲ給《きう》スルコトヲ得

第六十七條　町村吏員ハ任期滿限《にんきまんげん》ノ後再選セラルヽコトヲ得

町村吏員及使丁ハ別段ノ規定又ハ規約《きやく》アルモノヲ除クノ外隨時解職《せいじかいしよく》スルコトヲ得

第二款　町村吏員ノ職務權限

第六十八條　町村長ハ其町村ヲ統轄《しはい》シ其行政事務ヲ擔任《たんにん》ス

町村長ノ擔任スル事務ノ概目左ノ如シ

一　町村會ノ議事ヲ準備《ようい》シ及其議決ヲ執行《しこう》スル事若シ町村會ノ議決其權限《けんげん》ヲ越エ法律命令ニ背《そむ》キ又ハ公衆《こうしう》ノ利益ヲ害スト認ムルトキハ町村長ハ自己ノ意見ニ依リ又ハ監督官廳ノ指《さし》揮《づ》ニ依リ理由《わけ》ヲ示シテ議決ノ執行ヲ停止《てうし》シ之ヲ再議セシメ猶《なほ》其議決ヲ更《あらた》メサルトキハ郡參事會ノ裁決《さいけつ》ヲ請フ可シ其權限ヲ越エ又ハ法律勅令ニ背クニ依テ議決ノ執行ヲ停止シタル場合ニ於テ府縣參事會ノ裁決ニ不服アル者ハ行政裁判所ニ出訴スルコトヲ得

二　町村ノ設置《もふけ》ニ係《かゝ》ル營造物ヲ管理スル事若シ特ニ之カ管理者アルトキハ其事務ヲ監督スル事

三　町村ノ歳入ヲ管理シ歳入出豫算表其他町村會ノ議決ニ依テ定マリタル收入支出ヲ命令《めいれい》シ會計及出納《すいとう》ヲ監視《かんし》スル事

四　町村ノ權利《けんり》ヲ保護《ほご》シ町村有ノ財産ヲ管理《くわんり》スル事

五　町村吏員及使丁ヲ監督シ懲戒處分《てうかいしよぶん》ヲ行フ事其懲戒處分ハ譴責《けんせき》及五圓以下ノ過怠金トス

六　町村ノ諸證書及公文書類ヲ保管《しはいたもち》スル事

七　外部《ぐわいぶ》ニ對シテ町村ヲ代表《たいへう》シ町村ノ名義《めいぎ》ヲ以テ其訴訟並和解ニ關《くわん》シ又ハ他廳《たてう》若クハ人民ト商議《そうだん》スル事

八　法律勅令ニ依リ又ハ町村會ノ議決ニ從テ使用料、手數料、町村税及夫役現品《ぶやくけんぴん》ヲ賦課徴收スル事

九　其他法律命令又ハ上司ノ指令《しれい》ニ依テ町村長ニ委任シタル事務ヲ處理スル事

第六十九條　町村長ハ法律命令ニ從ヒ左ノ事務ヲ管掌ス

一　司法警察補助官《しはふけいさつほじよくわん》タルノ職務及法律命令ニ依テ其管理ニ屬スル地方警察ノ事務但別《べつ》ニ官署《やくにん》ヲ設ケテ地方警察事務ヲ管掌セシムルトキハ此限ニ在ラス

二　浦役場《うらやくば》ノ事務

三　國ノ行政並府縣郡ノ行政ニシテ町村ニ屬スル事務《じむ》但別ニ吏員《りいん》ノ設ケアルトキハ此限ニ在ラス

右三項中ノ事務ハ監督官廳ノ許可ヲ得テ之ヲ助役ニ分掌《ぶんせう》セシムルコトヲ得

本條ニ掲載スル事務ヲ執行スルガ爲メニ要スル費用《ひよう》ハ町村ノ負擔《ひきうけ》トス

第七十條　町村助役ハ町村長ノ事務ヲ補助《ほじよ》ス

●給料及給與

町村長ハ町村會ノ同意《どうい》ヲ得テ助役ヲシテ町村行政事務ノ一部ヲ分掌セシムルコトヲ得

助役ハ町村長故障アルトキハ之ヲ代理ス其助役數名アルトキハ上席者《せうせきしや》之ヲ代理ス可シ

第七十一條　町村收入役ハ町村ノ收入ヲ受領《じゆりやう》シ其費用ノ支拂《しはらい》ヲ爲シ其他會計事務《くわいけいじむ》ヲ掌ル

第七十二條　書記ハ町村長ニ屬《ぞく》シ庶務《しよむ》ヲ分掌ス

第七十三條　區長及其代理者ハ町村長ノ機關《きくわん》トナリ其指揮命令《さしづいひつけ》ヲ受ケテ區內ニ關スル町村長ノ事務ヲ補助執行スルモノトス

第七十四條　委員（第六十五條）ハ町村行政事務ノ一部ヲ分掌シ又營造物ヲ管理シ若クハ監督シ又ハ一時ノ委託《いたく》ヲ以テ事務ヲ處辨スルモノトス

委員長ハ委員ノ議決ニ加ハルノ權ヲ有ス助役ヲ以テ委員長ト爲ス塲合《ばあい》ニ於テモ町村長ハ隨時委員會ニ出席シテ其委員長ト爲リ幷其議決ニ加ハルノ權ヲ有ス

常設委員ノ職務權限ニ關シテハ町村條例ヲ以テ別段ノ規定ヲ設クルコトヲ得

第三欵　給料及給與

第七十五條　名譽職員ハ此法律中別ニ規定アルモノヲ除クノ外職務取扱《とりあつかい》ノ爲メニ要《よう》スル實費ノ辨償ヲ受クルコトヲ得

實費辨償額、報酬額《ほうしうたか》及書記料ノ額（第六十三條第一項）ハ町村會之ヲ議決ス

第七十六條　有給町村長有給助役其他有給吏員及使丁《こづかい》ノ給料額ハ町村會ノ議決《ぎけつ》ヲ以テ之ヲ定ム

町村會ノ議決ヲ以テ町村長及助役ノ給料額ヲ定ムルトキハ郡長ノ許可ヲ受クルコトヲ要ス

郡長ニ於テ之ヲ許可スヘカラスト認ムルトキハ郡參事會ノ議決ニ付シテ之ヲ確定《かくてい》ス

第七十七條　町村條例ノ規定ヲ以テ有給吏員ノ退隱料ヲ設クルコトヲ得

第七十八條　有給吏員ノ給料、退隱料其他第七十五條ニ定ムル給與ニ關シテ異議《ゐぎ》アルトキハ關係者《かゝりあいのもの》ノ申立《もうしたて》ニ依リ郡參事會之ヲ裁決ス其郡參事會ノ裁決ニ不服アル者ハ府縣參事會ニ訴願シ其府縣參事會ノ裁決ニ不服アル者ハ行政裁判所ニ出訴スルコトヲ得

第七十九條　退隱料ヲ受クル者官職又ハ府縣郡市町村及公共組合《こうけうくみあい》ノ職務ニ就《つ》キ給料ヲ受クルトキハ其間之ヲ停止シ又ハ更ニ退隱料ヲ受クルノ權ヲ得ルトキハ其額《たかもとたいゐんりやう》舊退隱料ト同額以上ナルトキハ舊退隱料ハ之ヲ廢止ス

第八十條　給料、退隱料、報酬及辨償等ハ總テ町村ノ負擔《ふたん》トス

第四章　町村有財産ノ管理

第一欵　町村有財産及町村税

第八十一條　町村ハ其不動產《ふどうさん》、積立金穀《つみたてきんこく》等ヲ以テ基本財產ト爲シ之ヲ維持《ゐぢ》スルノ義務アリ臨時ニ收入シタル金穀ハ基本財產ニ加入スヘシ但寄附金《きふきん》等寄附者其使用《つかひ》ノ目的《めあて》ヲ定ムルモノハ此限ニ在ラス

第八十二條　凡町村有財產ハ全町村ノ爲メニ之ヲ管理シ及共用《けうよう》スルモノトス但特ニ民法上ノ權利ヲ有スル者アルトキハ此限ニ在ラス

第八十三條　舊來ノ慣行《ならわし》ニ依リ町村住民中特ニ其町村有ノ土地物件ヲ使用スル權利ヲ有スル者アルトキハ町村會ノ議決ヲ經ルニ非サレハ其舊慣《もとならわし》ヲ改ムルコトヲ得ス

●町村有財産及町村税

第八十四條　町村住民中特ニ其町村有ノ土地物件ヲ使用スル權利ヲ得ントスル者アルトキハ町村條例ノ規定ニ依リ使用料若クハ一時ノ加入金《かにうきん》ヲ徵收《ちようしう》シ又ハ使用料加入金共ニ徵收シテ之ヲ許可スルコトヲ得但特ニ民法上使用ノ權利ヲ有スル者ハ此限ニ在ラス

第八十五條　使用權ヲ有スル者（第八十三條第八十四條）ハ使用ノ多寡《おほきすくな》ニ準《したかい》シテ其土地物件ニ係《かゝ》ル必要ナル費用ヲ分擔ス可キモノトス

第八十六條　町村會ハ町村ノ爲メニ必要ナル塲合《ばあい》ニ於テハ使用權（第八十三條第八十四條）ヲ取《とり》上《あ》ケ又ハ制限《せいげん》スルコトヲ得但特ニ民法上使用ノ權利ヲ有スル者ハ此限ニ在ラス

第八十七條　町村有財產ノ賣却貸與《たいよ》又ハ建築工事《けんちくこうじ》及物品調達《てうだつ》ノ請負《うけおひ》ハ公《おゝや》ケノ入札ニ付ス可シ但臨時急施《りんじきうし》ヲ要スルトキ及入札ノ價額其費用ニ比シテ得失相償《とくしつあいつくの》ハサルトキ又ハ町村會ノ認許《ゆるし》ヲ得ルトキハ此限ニ在ラス

第八十八條　町村ハ其必要ナル支出及從前法律命令ニ依テ賦課セラレ又ハ將來法律勅令ニ依テ賦課セラルヽ支出ヲ負擔スルノ義務アリ

町村ハ其財產ヨリ生スル收入及使用料手數料（第八十九條）幷科料、過怠金其他法律勅命ニ依リ町村ニ屬スル收入ヲ以テ前項ノ支出ニ充テ猶不足《ふそく》アルトキハ町村稅（第九十條）及夫役現品（第百一條）ヲ賦課徵收スルコトヲ得

第八十九條　町村ハ其所有物《しよゆうぶつ》及營造物《つくりもの》ノ使用ニ付又ハ特ニ數個人ノ爲メニスル事業ニ付使用料又ハ手數料ヲ徵收スルコトヲ得

第九十條　町村稅トシテ賦課スルコトヲ得可キ目左ノ如シ

一　國稅府縣稅ノ附加稅《ふかぜい》

二　直接《ちよくせつ》又ハ間接《かんせつ》ノ特別《とくべつ》稅

附加稅ハ直接ノ國稅又ハ府縣稅ニ附加シ均一《おなじ》ノ稅率《ぜいりつ》ヲ以テ町村ノ全部ヨリ徴收スルヲ常例《つうれい》トス特別稅ハ附加稅ノ外別ニ町村限リ稅目《ぜいもく》ヲ起シ課稅スルコトヲ要《よう》スル片賦課徴收スルモノトス

第九十一條　此法律ニ規定セル條項ヲ除《のぞ》クノ外使用料手數料（第八十九條）特別稅（第九十條）第一項第二及從前ノ町村費ニ關スル細則《さいそく》ハ町村條例ヲ以テ之ヲ規定ス可シ其條例ニハ科料一圓九十五錢以下ノ罰則ヲ設クルコトヲ得

科料ニ處シ及之ヲ徴收スルハ町村長之ヲ掌ル其處分ニ不服アル者ハ令狀交付《れいじようこうふ》後《ご》十四日以內ニ司法裁判所ニ出訴《しゆつそ》スルコトヲ得

第九十二條　三ケ月以上町村內ニ滯在スル者ハ其町村稅ヲ納ムルモノトス但其課稅ハ滯在《たいざい》ノ初《はじめ》ニ遡《さかのぼ》リ徴收ス可シ

第九十三條　町村內ニ住居ヲ構《かま》ヘ又ハ三ケ月以上滯在スルコトナシト雖モ町村內ニ土地家屋《とちかおく》ヲ所有シ又ハ營業ヲ爲ス者（店舗《みせ》ヲ定メサル行商《こうせう》ヲ除ク）ハ其土地家屋營業若クハ其所得ニ對シテ賦課スル町村稅ヲ納ムルモノトス其法人《ほふにん》タルトキモ亦同シ但郵便電信及官設鐵道ノ業ハ此限ニ在ラス

第九十四條　所得稅ニ附加稅ヲ賦課シ及町村ニ於テ特別ニ所得稅ヲ賦課セントスルトキハ納稅者ヲ町村外ニ於ケル所有ノ土地家屋又ハ營業（店舗ヲ定メサル行商ヲ除ク）ヨリ收入スル所得メ之ヲ控除《ひきのぞき》ス可キモノトス

●町村有財產及町村稅

第九十五條　數市町村ニ住居ヲ搆ヘ又ハ滯在《たいざい》スル者ニ前條ノ町村稅ヲ賦課スルトキハ其所得ヲ各市町村ニ平分シ其一部分ニノミ課稅ス可シ但土地家屋又ハ營業ヨリ収入スル所得ハ此限ニ在ラス

第九十六條　所得稅法第三條ニ揭クル所得ハ町村稅ヲ免除ス

第九十七條　左ニ揭クル物件《ぶつけん》ハ町村稅ヲ免除《めんじよ》ス

一　政府、府縣郡市町村及公共組合ニ屬シ直接《ちよくけつ》ノ公用ニ供《けう》スル土地營造物及家屋

二　社寺及官立公立ノ學校病院其他學藝《がくげい》美術《びじゆつ》及慈善《じぜん》ノ用ニ供スル土地、營造物及家屋

三　官有ノ山林又ハ荒蕪《あらぶ》地但官有山林又ハ荒蕪地ノ利益ニ係ル事業ヲ起シ内務大臣及大藏大臣ノ許可ヲ得テ其費用ヲ徴收スルハ此限ニ在ラス

新開地《しんかいち》及開墾地《かいこんち》ハ町村條例ニ依リ年月ヲ限リ免稅《めんせい》スルコトヲ得

第九十八條　前二條ノ外町村稅ヲ免除ス可キモノハ別段ノ法律勅令ニ定ムル所ニ從フ皇族《くわうぞく》ニ係ル町村稅ノ賦課ハ追テ法律勅令ヲ以テ定ムル迄現今《げんこん》ノ例ニ依ル

第九十九條　數個人ニ於テ專ラ使用スル所ノ營造物アルトキハ其修築《しゆちく》及保存《ほぞん》ノ費用ハ之ヲ其關係者ニ賦課ス可シ

町村内ノ一部ニ於テ專ラ使用スル營造物アルトキハ其部内ニ住居シ若クハ滯在シ又ハ土地家屋ヲ所有シ營業（店舗ヲ定メサル行商ヲ除ク）ヲ爲ス者ニ於テ其修築及保存ノ費用ヲ負擔ス可シ但其一部ノ所有財産アルトキハ其收入ヲ以テ先ツ其費用ニ充ツ可シ

第百條　町村稅ハ納稅義務《のふぜいやくめ》ノ起リタル翌月ノ初ヨリ免稅理由ノ生シタル月ノ終迄《おはりまで》月割《つきはり》ヲ以テ之

ヲ徴收ス可シ

會計年度中ニ於テ納稅義務消滅《せうめつ》シ又ハ變更スルトキハ納稅者ヨリ之ヲ町村長ニ屆出ツ可シ其屆出ヲ爲シタル月ノ終迄ハ從前ノ稅ヲ徵收スルコトヲ得

第百一條　町村ハ公共ノ事業ヲ起シ又ハ公共ノ安寧《あんねい》ヲ維持スルカ爲メニ夫役及現品ヲ以テ納稅者ニ賦課スルコトヲ得但學藝美術及手工ニ關スル勞役ヲ課スルコトヲ得ス

夫役及現品ハ急迫ノ場合ヲ除クノ外直接町村稅ヲ準率《のり》ト爲シ且之ヲ金額ニ算出《かそひだ》シテ賦課ス可シ

夫役ヲ課セラレタル者ハ其便宜《べんぎ》ニ從ヒ本人自ラ之ニ當リ又ハ適當ノ代人ヲ出スコトヲ得又急迫ノ場合ヲ除クノ外金圓ヲ以テ之ニ代フルコトヲ得

第百二條　町村ニ於テ徵收スル使用料、手數料(第八十九條)町村稅(第九十條)夫役ニ代フル金圓(第百一條)共有物使用料及加入金(第八十四條)其他町村ノ收入ヲ定期內ニ納メサルトキハ町村長ハ之ヲ督促《さいそく》シ猶之ヲ完納《くわんなふ》セサルトキハ國稅滯納處分法ニ依リ之ヲ徵收ス可シ其督促ヲ爲スニハ町村條例ノ規定ニ依リ手數料ヲ徵收スルコトヲ得ス

納稅者中無資力《むしりよく》ナル者アルトキハ町村長ノ意見《いけん》ヲ以テ會計年度內ニ限リ納稅延期《えんき》ヲ許スコトヲ得其年度ヲ越ユル場合ニ於テハ町村會ノ議決ニ依ル

本條ニ記載スル徵收金ノ追徵、期滿特免及先取特權《せんしゆとくけん》ニ付テハ國稅ニ關スル規則ヲ適用ス

第百三條　地租ノ附加稅《ふかぜい》ハ地租ノ納稅者ニ賦課シ其他土地ニ對シテ賦課スル町村稅ハ其所有者又ハ使用者ニ賦課スルコトヲ得

●町村有財產及町村稅

第百四條　町村税ノ賦課ニ對スル訴願ハ賦課令状ノ交付後《こうふご》三ケ月以内ニ之ヲ町村長ニ申立ツ可シ此期限ヲ經過スルトキハ其年度内減税免税及償還ヲ請求スルノ權利ヲ失フモノトス

第百五條　町村税ノ賦課及町村ノ營造物、町村有ノ財産幷其所得ヲ使用スル權利ニ關スル訴願ハ町村長之ヲ裁決ス但民法上ノ權利ニ係ルモノハ此限ニ非ラス

前項ノ裁決ニ不服アル者ハ郡參事會ニ訴願シ其郡參事會ノ裁決ニ不服アル者ハ府縣參事會ニ訴願シ其府縣參事會ノ裁決ニ不服アル者ハ行政裁判所ニ出訴スルコトヲ得

本條ノ訴願及訴訟ノ爲メニ其處分ノ執行ヲ停止スルコトヲ得ス

第百六條　町村ニ於テ公債《こうさい》ヲ募集《ぼしふ》スルハ從前ノ公債元額《こうさいもとだか》ヲ償還《しようくわん》スル爲メ又ハ天災時變《てんさいじへん》等已《や》ムヲ得サル支出《しゆつ》若クハ町村永久ノ利益トナル可キ支出ヲ要《よう》スルニ方《あた》リ通常ノ歳入ヲ増加スルトキハ其町村住民ノ負擔《ふたん》ニ堪《た》ヘサルノ場合ニ限ルモノトス

町村會ニ於テ公債募集ノ事ヲ議決スルトキハ併セテ其募集ノ方法《しかた》利息《りそく》ノ定率《ていりつ》及償還《しやうくわん》ノ方法ヲ定ム可シ償還ノ初期ハ三年以内ト爲シ年々償還ノ歩合《ぶあひ》ヲ定メ募集《ぼしう》ノ時ヨリ三十年以内ニ還了ス可シ

定額豫算内ノ支出ヲ爲スカ爲メ必要《ひつよう》ナル一時ノ借入金ハ本條ノ例ニ依ラス其年度内ノ收入ヲ以テ償還ス可キモノトス

第二款　町村ノ歳入出豫算及決算

第百七條　町村長ハ毎會計年度收入支出ノ豫知《よち》シ得可キ金額ヲ見積《みつも》リ年度前二ケ月ヲ限リ歳入出豫算表ヲ調製《てうせい》ス可シ町村ノ會計年度ハ政府ノ會計年度ニ同シ

内務大臣ハ省令ヲ以テ豫算表《よさんへう》調製ノ式《しき》ヲ定ムルコトヲ得

第百八條　豫算表ハ會計年度前町村會ノ議決ヲ取リ之ヲ郡長ニ報告《ほうこく》シ幷地方慣行《ならわし》ノ方式ヲ以テ其要領《ようりやう》ヲ公告ス可シ

豫算表ヲ町村會ニ提出《ていしゆつ》スルトキハ町村長ハ幷セテ其町村事務報告書及財産明細表《ざいさんめいさいひよう》ヲ提出スヘシ

第百九條　定額豫算外ノ費用又ハ豫算《よさん》ノ不足アルトキハ町村會ノ認定《にんてい》ヲ得テ之ヲ支出スルコトヲ得

定額豫算中臨時ノ場合ニ支出スルカ為メニ豫備費ヲ置キ町村長ハ豫メ町村會ノ認定ヲ受ケスシテ豫算外ノ費用又ハ豫算超過ノ費用ニ充ツルコトヲ得但町村會ノ否決《ひけつ》シタル費途《ひと》ニ充ツルコトヲ得ス

第百十條　町村會ニ於テ豫算表ヲ議決シタルトキハ町村長ヨリ其謄寫《うつし》ヲ以テ之ヲ收入役《しふにふやく》ニ交付ス可シ其豫算表中監督官廳若クハ參事會ノ許可ヲ受ク可キ事項アルトキハ(第百二十五條ヨリ第百二十七條ニ至ル)先ツ其許可ヲ受ク可シ

收入役ハ町村長(第六十八條第二項第三)又ハ監督官廳ノ命令アルニ非サレハ支拂《しはらひ》ヲ為スコトヲ得ス又收入役ハ町村長ノ命令ヲ受クルモ其支出豫算表中ニ豫定ナキカ又ハ其命令第百九條ノ規定ニ依ラサルトキハ支拂ヲ為スコトヲ得ス

前項ノ規定ニ背《そむ》キタル支拂ハ總テ收入役ノ責任《せめ》ニ歸《き》ス

第百十一條　町村ノ出納《すうとう》ハ毎月例日ヲ定メテ檢査シ及毎年少クモ一回《ど》臨時檢査ヲ為ス可シ例月《れいげつ》

檢査《けんさ》ハ町村長又ハ其代理者之ヲ為シ臨時檢査ハ町村長又ハ其代理者ノ外町村會ノ互選《ごせん》シタル議員一名以上ノ立會《たちあひ》ヲ要ス

第百十二條　決算《けつさん》ハ會計年度ノ終ヨリ三ケ月以内ニ之ヲ結了《しまひ》シ證書類ヲ併《あは》セテ收入役ヨリ之ヲ町村長ニ提出《もちだ》シ町村長ハ之ヲ審査《しんさ》シ意見ヲ附《ふ》シテ之ヲ町村會ノ認定ニ付ス可シ第六十二條第五項ノ場合ニ於テハ前例ニ依リ町村長ヨリ直ニ之ヲ町村會ニ提出《ていしゆつ》ス可シ其町村會ノ認定ヲ經タルトキハ町村長ハ之ヲ郡長ニ報告ス可シ

第百十三條　決算報告ヲ為ストキハ第四十條ノ例ニ準シテ議長代理者共ニ故障《さはり》アルモノトス

第五章　町村内各部ノ行政

第百十四條　町村内ノ區(第六十四條)又ハ町村内ノ一部《ぶ》若《もし》クハ合併町村(第四條)ニシテ別ニ其區域《くいき》ヲ存シテ一區ヲ為スモノ特別ニ財產ヲ所有シ若クハ營造物ヲ設ケ其一區限リ特ニ其費用(第九十九條)ヲ負擔スルトキハ郡參事會ハ其町村會ノ意見ヲ聞キ條例ヲ發行シ財產及營造物ニ關スル事務ノ為メ區會又ハ區總會《くそうくわい》ヲ設クルコトヲ得其會議ハ町村會ノ例ヲ適用スルコトヲ得

第百十五條　前條ニ記載スル事務ハ町村ノ行政《げうせい》ニ關スル規則《きそく》ニ依リ町村長之ヲ管理《くわんり》ス可シ但區ノ出納及會計ノ事務ハ之ヲ分別《ぶんべつ》ス可シ

第六章　町村組合

第百十六條　數町村ノ事務ヲ共同處分《けうだうしよぶん》スル為メ其協議《けうぎ》ニ依リ監督官廳ノ許可ヲ得テ其町村ノ組《くみ》合《あひ》ヲ設クルコトヲ得

法律上ノ義務ヲ負擔《ふたん》スルニ堪《た》フ可キ資力《しりよく》ヲ有セサル町村ニシテ他ノ町村ト合併(第四條)スルノ協議整《ととの》ハス又ハ其事情《わけ》ニ依リ合併ヲ不便ト爲ストキハ郡參事會ノ議決ヲ以テ數町村ノ組合ヲ設ケシムルヿヲ得

第百十七條　町村組合ヲ設クルノ協議ヲ爲ストキハ(第百十六條第一項)組合會議ノ組織、事務ノ管理方法並其費用ノ支辨方法ヲ併セテ規定ス可シ

前條第二項ノ塲合ニ於テハ其關係町村ノ協議ヲ以テ組合費用ノ分擔法《ぶんたんはう》等其他必要ノ事項ヲ規《き》定《てい》ス可シ若シ其協議整ハサルトキハ郡參事會ニ於テ之ヲ定ム可シ

第百十八條　町村組合ハ監督官廳ノ許可ヲ得ルニ非サレハ之ヲ解クヿヲ得ス

第七章　町村行政ノ監督《かんとく》

第百十九條　町村ノ行政ハ第一次ニ於テ郡長之ヲ監督シ第二次ニ於テ府縣知事之ヲ監督シ第三次ニ於テ内務大臣之ヲ監督ス但法律ニ指定《してい》シタル塲合《ばあい》ニ於テ郡參事會及府縣參事會ノ參與スルハ別段《べつだん》ナリトス

第百二十條　此法律中別段《べつだん》ノ規定アル塲合ヲ除《のぞ》クノ外凡《およそ》町村ノ行政ニ關スル郡長若クハ郡參事會ノ處分若クハ裁決ニ不服アル者ハ府縣知事若クハ府縣參事會ニ訴願シ其府縣知事若クハ府縣參事會ノ裁決ニ不服アル者ハ内務大臣ニ訴願スルヿヲ得

町村ノ行政ニ關スル訴願ハ處分書《しよぶんしよ》若クハ裁決書ヲ交付《こうふ》シ又ハ之ヲ告知《とくち》シタル日ヨリ十四日以内ニ其理由ヲ具シテ之ヲ提出ス可シ但此法律中別ニ期限ヲ定ムルモノハ此限ニ在ラス

此法律中ニ指定スル塲合ニ於テ府縣知事若クハ府縣參事會ノ裁決ニ不服アリテ行政裁判所ニ

出訴セントスル者ハ裁決書ヲ交付シ又ハ之ヲ告知シタル日ヨリ二十一日以內ニ出訴ス可シ
行政裁判所ニ出訴スルコトヲ許シタル場合ニ於テハ內務大臣ニ訴願スルコトヲ得ス
訴願及訴訟ヲ提出スルトキハ處分又ハ裁決ノ執行《しつこう》ヲ停止《ていし》ス但此法律中別ニ規定アリ又ハ當該《たうがい》官廳《やくしよ》ノ意見ニ依リ其停止ノ爲メニ町村ノ公益《こうえき》ニ害アリト爲ストキハ此限ニ在ラス

第百二十一條　監督官廳ハ町村行政ノ法律命令ニ背戾《はいれい》セサルヤ其事務錯亂澁滯《みだれとゞこほり》セサルヤ否《いなや》ヲ監視《かんし》ス可シ監督官廳ハ之カ爲メニ行政事務ニ關シテ報告ヲ爲サシメ豫算及決算等ノ書類帳簿《てうぼ》ヲ徵《てう》シ並實地《じつち》ニ就テ事務ノ現況《ありさま》ヲ視察《しさつ》シ出納ヲ撿閱《ぎんみ》スルノ權ヲ有ス

第百二十二條　町村又ハ其組合ニ於テ法律勅令ニ依テ負擔《ふたん》シ又ハ當該官廳ノ職權《しよくけん》ニ依テ命令スル所ノ支出ヲ定額豫算ニ載セス又ハ臨時《りんじ》之ヲ承認《せうにん》セス又ハ實行セサルトキハ郡長ハ理由ヲ示《しめ》シテ其支出額ヲ定額豫算表ニ加ヘ又ハ臨時支出セシム可シ
町村又ハ其組合ニ於テ前項ノ處分《しよぶん》ニ不服アルトキハ府縣參事會ニ訴願シ其府縣參事會ノ裁決ニ不服アルトキハ行政裁判所ニ出訴スルコトヲ得

第百二十三條　凡町村會ニ於テ議決ス可キ事件ヲ議決《ぎけつ》セサルトキハ郡參事會代《かはつ》テ之ヲ議決ス可シ

第百二十四條　內務大臣ハ町村會ヲ解散セシムルコトヲ得解散ヲ命シタル場合ニ於テハ同時ニ三ケ月以內更ニ議員ヲ改選ス可キコトヲ命ス可シ但改選町村會ノ集會スル迄ハ郡參事會町村會ニ代テ一切ノ事件ヲ議決ス

第百二十五條　左ノ事件ニ關スル町村會ノ議決ハ內務大臣ノ許可ヲ受クルコトヲ要ス

一　町村條例ヲ設ケ并改正スル事
二　學藝、美術ニ關シ又ハ歷史《れきし》上貴重《せうきてう》ナル物品ノ賣却讓與質入書入交換《はいきやくせうよしちいれかきいれかうくわん》若クハ大ナル變更《かはり》ヲ爲ス事

前項第一ノ場合ニ於テ人口一萬以上ノ町村ニ係《かゝ》ルトキハ勅裁《ちよくさい》ヲ經テ之ヲ許可ス可シ

第百二十六條　左ノ事件ニ關スル町村會ノ議決ハ内務大臣及大藏大臣ノ許可ヲ受クルコトヲ要ス
一　新ニ町村ノ負債《ふさい》ヲ起シ又ハ負債額ヲ增加シ及第百六條第二項ノ例《れい》ニ違《たが》フモノ但償還期限三年以内ノモノハ此限ニ在ラス
二　町村特別税并使用料、手數料ヲ新設《しんせつ》シ增額シ又ハ變更スル事
三　地租七分ノ一其他直接國税百分ノ五十ヲ超過《てうくわ》スル附加税ヲ賦課スル事
四　間接國税ニ附加税《ふかせい》ヲ賦課スル事
五　法律勅令ノ規定ニ依リ官廳ヨリ補助《はじよ》スル歩合金《ぶあいきん》ニ對シ支出金額《しゆつきんだか》ヲ定ムル事

第百二十七條　左ノ事件ニ關スル町村會ノ議決ハ郡參事會ノ許可ヲ受クルコトヲ要ス
一　町村ノ營造物ニ關スル規則ヲ設ケ並改正《かいせい》スル事
二　基本財產《きほんざいさん》ノ處分ニ關スル事（第八十一條）
三　町村有不動產《ふどうさん》ノ賣却讓與並質入書入ヲ爲ス事
四　各個人《かくかじん》特ニ使用スル町村有土地使用法ノ變更《かわり》ヲ爲ス事（第八十六條）
五　各種ノ保證《ほせう》ヲ與フル事

●町村行政ノ監督

六　法律勅令ニ依テ負擔《ふたん》スル義務ニ非スシテ向《むかふ》五ケ年以上ニ亘《わた》リ新ニ町村住民ニ負擔《ふたん》ナス課ル事

七　均《おなじ》一ノ税率《ぜいりつ》ニ據《よ》ラスシテ國税府縣税ニ附加税ヲ賦課スル事（第九十九條第二項）

八　第九十九條ニ從ヒ數個人又ハ町村内ノ一部ニ費用ヲ賦課スル事

九　第百一條ノ準率《のり》ニ據《よ》ラスシテ夫役及現品ヲ賦課スル事

第百二十八條　府縣知事郡長ハ町村長、助役、委員、區長、其他町村吏員ニ對シ懲戒處分《こらしめのしよぶん》ヲ行フコトヲ得其懲戒處分ハ譴責《けんせき》及過怠金《くわたいきん》トス郡長ノ處分ニ係ル過怠金ハ十圓以下府縣知事ノ處分ニ係ルモノハ二十五圓以下トス

追テ町村吏員ノ懲戒法ヲ設ケタル迄ハ左ノ區別ニ從ヒ官吏懲戒例ヲ適用ス可シ

一　町村長ノ懲戒處分（第六十八條第二項第五）ニ不服アル者ハ郡長ニ訴願シ其郡長ノ裁決《さいけつ》ニ不服アル者ハ府縣知事ニ訴願シ其府縣知事ノ裁決ニ不服アル者ハ行政裁判所ニ出訴《しゆつそ》スルコトヲ得

二　郡長ノ懲戒處分ニ不服アル者ハ府縣知事ニ訴願シ府縣知事ノ懲戒處分及其裁決ニ不服アル者ハ行政裁判所ニ出訴スルヿヲ得

三　本條第一項ニ掲載スル町村吏員職務ニ違フコト再三ニ及ヒ又ハ其情状《じやうじやう》重《おも》キ者又ハ行狀ヲ亂《みだ》リ廉耻《れんち》ヲ失フ者財産ヲ浪費《らうひ》シ其分《ぶん》ヲ守《まも》ラサル者又ハ職務擧《あが》ラサル者ハ懲戒裁判ヲ以テ其職ヲ解《と》クコトヲ得其隨時解職《かいしよく》スルコトヲ得可キ者ハ（第六十七條）懲戒裁判ヲ以テスルノ限ニ在ラス

因テ解職セラレタル者ハ自已《じぶん》ノ所爲《しわざ》ニ非スシテ職務ヲ執《と》ルニ堪《た》ヘサルカ爲メ解職セラレタル場合ヲ除クノ外退隱料ヲ受クルノ權ヲ失フモノトス

四 懲戒裁判ハ郡長其審問《しらべ》ヲ爲シ郡參事會之ヲ裁決《さいけつ》ス其裁決ニ不服アル者ハ府縣參事會ニ訴願シ其府縣參事會ノ裁決ニ不服アル者ハ行政裁判所ニ出訴スルコトヲ得

監督官廳ハ懲戒裁判ノ裁決前吏員ノ停職《ていしよく》ヲ命シ幷給料ヲ停止《ていし》スルコトヲ得

第百二十九條　町村吏員及使丁其職務ヲ盡サス又ハ權限《けんゞ》ヲ越エタル事アルカ爲メ町村ニ對《たい》シテ賠償《つぐなひ》ス可キコトアルトキハ郡參事會之ヲ裁決ス其裁決ニ不服アル者ハ裁決書ヲ交付シ又ハ之ヲ告知《こくち》シタル日ヨリ七日以內ニ府縣參事會ニ訴願シ其府縣參事會ノ裁決ニ不服アル者ハ行政裁判所ニ出訴《しゆつそ》スルコトヲ得但訴願ヲ爲シタルトキハ郡參事會ハ假《かり》ニ其財産ヲ差押《さしおさ》フルコトヲ得

第八章　附則

第百三十條　郡參事會府縣參事會、及行政裁判所ヲ開設《かいせつ》スル迄ノ間郡參事會ノ職務ハ郡長府縣參事會ノ職務ハ府縣知事行政裁判所ノ職務ハ內閣ニ於テ之ヲ行フ可シ

第百三十一條　此法律ニ依リ初テ議員ヲ選擧スルニ付町村長及町村會ノ職務幷町村條例ヲ以テ定ム可キ事項ハ又ハ其指命《しめい》スル官吏ニ於テ之ヲ施行ス可シ

第百三十二條　此法律ハ北海道、沖繩縣其他勅令《ちよくれい》ヲ以テ指定スル島嶼《しまゞ》ニ之ヲ施行セス別ニ勅令ヲ以テ其制ヲ定ム

第百三十三條　前條ノ外特別《とくべつ》ノ事情《じじやう》アル地方ニ於テハ町村會及町村長ノ具申《ぐしん》又ハ郡參事會ノ具

申ニ依リ勅令ヲ以テ此法律中ノ條規《でうき》ヲ中止《ちうし》スルヿアル可シ

第百三十四條　社寺《しやじ》宗教《しうけう》ノ組合ニ關シテハ此法律ヲ適用《てきよう》セス現行ノ例規及其地ノ習慣《ならはし》ニ従フ

第百三十五條　此法律中ニ記載セル人口ハ最終《さいしう》ノ人口調査《しらべ》ニ依リ現役軍人ヲ除キタル數ヲ云フ

第百三十六條　現行ノ租税中此法律ニ於テ直接税《ちよくせつぜい》又ハ間接税《かんせつぜい》トス可キ類別《るゐべつ》ハ内務大臣及大藏大臣之ヲ告示《こくし》ス

第百三十七條　此法律ハ明治二十二年四月一日ヨリ地方ノ情況《ありさま》ヲ裁酌《さいしやく》シ府縣知事ノ具申ニ依リ内務大臣ノ指揮《さしづ》ヲ以テ之ヲ施行ス可シ

第百三十八條　明治九年十月第百三十號布告各區町村金穀公借共有物取扱《かくいてうそんきんこくこうしやくきようゆうぶつとりあつかひ》土木起功規則《どぼくきこうきそく》、明治十一年七月第十七號布告郡區町村編制法《ぐんくてうそんへんせいはふ》第六條及第九條但書、明治十七年五月第十四號布告區町村會法《くてうそんくわいはふ》、明治十七年五月第十五號布告、明治十七年七月第二十三號布告、明治十八年八月第二十五號布告其他此法律ニ抵觸《ていしよく》スル成規《せいき》ハ此法律施行ノ日ヨリ總テ《すべて》之ヲ廢止《はいし》ス

第百三十九條　内務大臣ハ此法律實行《じつかう》ノ責《せめ》ニ任シ之カ爲メ必要ナル命令及訓令《くんれい》ヲ發布《はつぷ》ス可シ

市制町村制理由

本制ノ旨趣ハ自治及分權ノ原則ヲ實施セントスルニ在リテ現今ノ情勢ニ照シ程度ノ宜キニ從ヒ以テ立法上其端緒ヲ開キタルモノナリ此法制ヲ施行セントスルニハ必先ツ地方自治ノ區ヲ造成セサルヲ可カラス地方ノ自治區ハ特立ノ組織ヲ爲シ公法民法ノ二者ニ於テ共ニ一個人ト權利ヲ同ウシ之カ事理者タルノ機關ヲ有スルモノナリ其機關ハ法制ノ定ムル所ニ依テ組織シ自治体ハ即チ之ニ依テ其意想ヲ表發シ之ヲ執行スルコトヲ得ルモノトス故ニ自治區ハ法人トシテ財産ヲ所有シ之ヲ授受賣買シ他人ト契約ヲ結ヒ權利ヲ得義務ヲ負ヒ及其區域内ハ自ラ獨立シテ之ヲ統治スルモノナリ然リト雖モ其區域ハ素ト國ノ一部分ニシテ國ノ統轄ノ下ニ於テ其義務ヲ盡サヽルヲ得ス故ニ國ハ法律ヲ以テ其組織ヲ定メ其負擔ノ範圍ヲ設ケ常ニ之ヲ監督ス可キモノトス國内ノ人民各其自治ノ團結ヲ爲シ政府之ヲ統一シテ其機軸ヲ執ルハ國家ノ基礎ヲ鞏固ニスル所以ナリ國家ノ基礎ヲ固クセントセハ地方ノ區畫ヲ以テ自治ノ機体ト爲シ以テ其部内ノ利害ヲ負擔セシメサル可カラス現今ノ制ハ府縣ノ下郡區町村アリ區町村ハ稍自治ノ体ヲ存スト雖モ未タ完全ナル自治ノ制アルヲ見ス郡ノ如キハ全ク行政ノ區畫タルニ過キス府縣ハ素ト行政ノ區畫ニシテ幾分カ自治ノ制ヲ兼子有セルカ如シト雖モ是亦全ク自治ノ制アリト謂フ可カラス今前述ノ理由ニ依リ此區畫ヲ以テ悉ク完全ナル自治体ト爲スヲ必要ナリトス即府縣郡町村ヲ以テ三階級ノ自治体ト爲サントス此階級ヲ設クルハ分權ノ制ヲ施スニ於テモ亦緊要ナリトス蓋自治區ニハ其自治体共同ノ事務ヲ任ス可キノミナラス一般ノ行政ニ屬スル事ト雖モ全國ノ統治ニ必要ニシテ官府自ラ處理スヘキモノヲ除クノ外之ヲ地方ニ分任スルヲ得策ナリトス故ニ其町村ノ力ニ堪フル者ハ之ヲ其負擔トシ其力ニ堪ヘサル者ハ之ヲ郡ニ任シ郡ノ力ニ及ハサル者ハ之ヲ府縣ノ負擔トス可シ是階級ノ重複スルヲ厭ハスシテ却テ利益アリト爲ス所以ナリ

維新ノ後政務ヲ集攬シテ一ニ之ヲ中央ノ政府ニ統ヘ地方官ハ各其職權アリト雖モ政府ノ委任ニ依テ代テ事ヲ處スルニ過キス今地方ノ制度ヲ改ムルハ即チ政府ノ事務ヲ地方ニ分任シ又人民ヲシテ之ニ參與セシメ以テ政府ノ繁雜ヲ省キ併セテ人民ノ本務ヲ盡サシメントスルニ在リ而シテ政府ハ政治ノ大綱ヲ握リ方針ヲ授ケ國家統御ノ實ヲ擧クルヲ得可シ人民ハ自治ノ責任ヲ分チ以テ專ラ地方ノ公益ヲ計ルノ心ヲ起スニ至ル可シ蓋人民參政ノ思想發達スルニ隨ヒ之ヲ利用シテ地方ノ公事ニ練習セシメ施政ノ難易ヲ知ラシメ漸ク國事ニ任スルノ實力ヲ養成セントス是將來

立憲ノ制ニ於テ國家百世ノ基礎ヲ立ツルノ根源タリ

故ニ分權ノ主義ニ依リ行政事務ヲ地方ニ分任シ國民ヲシテ公同ノ事務ヲ負擔セシメ以テ自治ノ實ヲ全カラシメントスルニハ技術專門ノ職若クハ常職トシテ任ス可キ除クノ外職務ヲ概ネ地方ノ人民ヲシテ名譽ノ爲メ無給ニシテ其職ヲ執ラシムルヲ要ス而シテ之ヲ擔任スルハ其地方人民ノ義務ト爲ス是國民タル者國ニ盡スノ本務ニシテ丁壯ノ兵役ニ服スルト原則ヲ同クシ更ニ一步ヲ進ムルモノナリ然レトモ人民ヲシテ普ク此義務ヲ帶ハシムルトキハ其任又輕シト爲サス故ニ一朝ニシテ此制ヲ實行セントスルハ頗ル難事ニ屬スト雖モ其目的タル國家永遠ノ計ニ在リテ效果ヲ速成ニ期セス漸次參政ノ道ヲ擴張メ公務ニ練熟セシメントスルニ在リ是ヲ以テ力メテ多ク地方ノ名望アル者ヲ擧ケテ此任ニ當ラシメ其地位ヲ高クシ待遇ヲ厚クシ無用ノ勞費ヲ負ハシメス倦怠ノ念ヲ生セサラシムルトキハ漸ク其責任ノ重キヲ知リ參政ノ名譽タルヲ辨スルニ至ラントス且本邦舊來ノ制ヲ考フルニ無給職ニシテ町村ノ事務ニ任スルノ例アリ各地方ノ習慣固ヨリ一定ナルニ非ス且維新後數次ノ變革ニ依テ頗ル此習慣ヲ破リタリト雖モ今日ニ及テ之ヲ襲用スルコト猶難カラサル可シ是此制ヲ實施スルニ方テ多少ノ困難アルニ拘ラス漸次其目的ヲ達センコトヲ期シテ疑ハサル所以ナリ

然レトモ他ノ一方ヨリ之ヲ見ルトキハ又地方ノ情況ニ依リ多少ノ酌量ヲ加ヘサルヲ得サルモノアリ是ヲ以テ町村長ハ公選ト爲スト雖モ其選擧宜キヲ得サルトキハ臨時官選ヲ許シ或ハ官吏ヲ派遣シテ其事務ヲ執ラシムルノ例アリ又島嶼ノ地其他特別ノ事情アリテ此制ヲ實施シ難キ地方ニハ之ヲ行ハサルヲ許スノ例アリ(町村制第六十一條第百三十二條第百三十三條)其他十分ニ實地活用ノ方ヲ與ヘタレハ各地ノ實況ニ照シテ之ニ應スルノ便アルヲ信ス固ヨリ此等ノ法令ハ人民ノ情態ニ依リ智識ノ度ニ應シテ宜キヲ取ラサルヲ得ス徒ニ自治ノ理論ニ據テ俄ニ其完備ヲ求ムルカ如キハ立法者ノ愼重ヲ加フ可キ所ナリトス是本制多少ノ斟酌ナキヲ得サル所以ナリ

本制ヲ施行スルニ付テハ漸ヲ以テ郡府縣ノ制度ノ改正ニ及ハサルヲ得サルモノアリ今其概略ヲ擧クレハ郡ニ郡長ヲ置キ府縣ニ府縣知事ヲ置キ其選任組織等固ヨリ舊ノ如クシテ之ヲ改メスト雖モ府縣會ノ外新ニ郡會ヲ開キ府縣郡ニ各參事會ヲ設ケサルヲ得ス然レトモ是等ノ事ハ府縣郡制ノ制定アルヲ待テ始メテ定マル可キ事ニシテ只今之ヲ以テ本制ノ參考ニ供スルノミ

本制ニ制定スル市町村ハ共ニ最下級ノ自治体ニシテ市ト云ヒ町村ト云ヒ都鄙ノ別ニ依テ其名ヲ

異ニスルニ過キス其制度ヲ立ツルノ原質ニ至テハ彼此相異ナル所ナシ元來町ト村トハ人民生計ノ情態ニ於テ其趣ヲ同クセサルモノアリテ細カニ之ヲ論スレハ均一ノ準率ニ依リ難キモノナキニ非スト雖モ本邦現今ノ狀況ヲ察シ舊來ノ慣習ニ依テ之ヲ考フルニ都會輻輳ノ地ヲ除クノ外宿驛ト稱シ町ト稱スルモノ施政ノ大體ニ於テ村落ト異同アルコトナシ故ニ今之ヲ一制度ノ下ニ立タシメントス其施治ノ細目ニ至テハ或ハ多少ノ差異ヲ見ルコトアルヘシト雖モ其等ハ制度ノ範圍內ニ於テ執行者ノ處分斟酌宜キヲ得ルト否トニ在ル可キモノトス然レトモ都會ノ地ニ至テハ大ニ人情風俗ヲ異ニシ經濟上自ラ差別アリ故ニ之ヲ分離シテ別ニ市制ヲ立テ機關ノ組織及行政監督ノ例ヲ異ニセリ是固ヨリ町村制ト其性質ヲ異ニスルニ非ス其市民ノ便益ト實際ノ必要トニ出テ然ラサルヲ得サルナリ即現行ノ區制ニ繼續スル所ノモノナリト雖モ從來ノ區ハ郡ノ疆域ヲ離レスシテ行政上別ニ吏員ヲ置キ事務ヲ處理スルニ過キサリシモ今改メテ獨立分離セシメ從來區ノ下ニ町アリシモ之ヲ改メテ市ヲ最下級ノ自治体ト爲サントス而シテ三府市街ノ如キハ其情況又他ノ都會ノ地ト同シカラサルモノアルヲ以テ市制中機關ノ組織等ニ於テ二三ノ特例ヲ設クルモノアリ今此市制ヲ施行セントスルモノハ三府其他人口凡二萬五千以上ノ市街地ニ在リトス尤郡制制定ノ時ニ至テ其要件ヲ確定スルコトアル可シト雖モ今內務大臣ノ定ムル所ニ從フ之ヲ施行セントスル區ノ名稱ヲ改メテ市ト爲スハ三府ノ如ギ一府內ノ區ト混同スルヲ避クルナリ町村ハ通シテ其組織ヲ同ス可キハ前述ノ如シト雖モ其大小廣狹ニ依リ又ハ貧富繁閑ニ依リテ自ラ事情ヲ異ニスルモノナキニ非ス故ニ或ハ一定ノ例規ヲ適用シ難キモノアリ是亦酌量ヲ加ヘ法律ノ範圍ヲ廣クシテ地方ノ便宜ヲ與ヘントスルナリ(町村制第十一條、第十四條、第二十五條、第三十一條、第五十二條、第五十六條、第五十九條、第六十三條、第六十四條、第百三十三條)

市制町村制第一章。總則

凡市町村ハ他ノ自治區ト同ク二箇ノ元素ヲ存セサル可カラス即チ疆土ト人民ト是ナリ此二者其一ヲ欲クトキハ市町村ノ自治体ヲ爲スニ足ラサルナリ而シテ市町村ノ制度ハ法律ヲ以テ之ヲ定ムト雖モ或ル界限內ニ在テ市町村ニ自主ノ權ヲ付與スルモノトス是ヲ市町村ノ基礎トス

第一欵ハ市制町村制ヲ施行スルノ地ヲ定メ(市制町村制第一條)法律上市町村ノ性質ヲ明ニシ)市制町村制第二條次テ第一元素タル疆土ニ關スル條件ヲ定ム(市制町村制自第三條至第五條)第二欵ハ第二元素ニ關スル條件、住民權公民權ノ得喪及住民公民權ヨリ生スル權利義務ヲ規定

ス（市制町村制自第六條至第九條）

第三欵ハ市町村ニ付與スル自主權ノ範圍ヲ示ス（市制町村制第十條）

第一欵　市町村及其區域

市町區ノ區域ハ一方ニ在テハ國土分畫ノ最下級ニシテ即國ノ行政區畫タリ一方ニ在テハ獨立シタル自治体ノ疆土タリ其疆土ハ自治体カ公法上ノ權利ヲ執行シ義務ヲ踐行スルノ區域ナリ故ニ市町村ノ區域ハ從來ノ成立ヲ存シ之ヲ變更セサルヲ以テ原則トス然レトモ町村ノ力貧弱ニシテ其負擔ニ堪ヘス自ラ獨立シテ其本分ヲ盡スコト能ハザルモノアリ是其町村自己ノ不利タルノミナラス國ノ公益ニ非ルナリ是ヲ以テ有力ノ町村ヲ造成シ維持スルハ國ノ利害ニ關スル所ニシテ町村ノ廢置分合若クハ區域ノ變更等ニ付國ノ干渉ヲ要スルコト明ナリ固ヨリ關係アル土地ノ所有主及自治區ヲシテ利害ノ關スル所ニ依テ各其意見ヲ達スルノ市會ヲ得セシメ其意見一般ハ公益ヲ任セサル限リハ之ヲ採用セサル可カラス尤他ノ一方ヨリ論スルトキハ其關係者タルモノハ動モスレハ自已ノ利害ニ偏シ永遠ノ得失ヲ顧サルカ如キコトアルヲ免レス故ニ一ニ其承諾ニ依テ決スルコトヲ得ス假令其承諾ナキモ之ヲ斷行スルノ權力アルヲ要ス然レトモ此等ノ處置ヲクルヤ地方ノ情況ヲ通曉スルヲ處シ且公平ヲ示サンカ爲メニ高等自治區參事會ノ議決ニ任スルヲ至當トス（市制第四條、町村制第五條）

本制ハ町村ノ分合ニ就テ詳細ナル規則ヲ設ケス各地ノ情況ヲ斟酌スルノ餘地ヲ存スルナリ唯十分ノ資力ヲ有セサル町村ハ比隣相合併ス可キノ例ヲ設ク此ノ如キ町村ハ獨立ヲ有タシムルコトヲ得サルヲ以テ假令其承諾ナキモ他ノ町村ニ合併シ又ハ數箇相合シテ新町村ヲ造成セサル可カラス固ヨリ本制ニ定ムルカ如ク各市町村從前ノ區域ヲ變更セサルハ其原則ナリト雖モ現今各町村ノ大半ハ狹少ニ過キ本制ニ據テ獨立町村タル資格ヲ有スルヲ得サルモノ蓋少カラス故ニ合併ノ處分ヲ爲スモ亦已ムヲ得サル所ナリ然レトモ分合ノ例規ハ詳ニ之ヲ法律ニ制定セス其緩急ヲ行政廳ノ見ル所ニ任スルモノハ各地ノ地形人情及古來ノ沿革ヲ參酌スルノ自由ヲ得セシメンコトスルニ在リ若シ其實行ニ方テ執行者ノ標準ヲ定ムルカ如キハ時ニ臨テ訓令ヲ發スルコトアル可シ之ヲ要スルニ町村ハ舊來ノ區域ヲ存シテ改メサルヲ原則トシ資力ナキモノハ之ヲ合併シテ以テ法律ノ冀望スル有力ノ町村ヲ造成センコトヲ期スルニ在リ又合併ノ爲メニ其區域廣濶ニ過キテ地形人情ノ自然ヲ失ヒ共有物ノ區域ヲ混シ其使用ノ便ヲ害スル等ノ事ナキヲ要ス然レ𪜈今日

ニ在テハ事情已ムヲ得サルモノアリテ十全ノ合併ヲ爲スコトヲ得ス又ハ合併ヲ以テ不便ト爲スカ如キコトアルヘシ故ニ町村制第百十六條ニ於テ町村組合ヲ設クルノ便法ヲ存セリ其組合町村ハ各獨立ヲ保チ而シテ共同シテ一定ノ事務ヲ處辨スルモノナリ其共同事務ノ範圍等ハ實地ノ需要ニ依テ便宜之ヲ議定スルニ任ス

凡區域ヲ變更スルニ方テハ必關係者ノ協議ヲ以テ財産處分又ハ費用ノ分擔ヲ定ムルヲ要ス是亦一定ノ例規ヲ示サス蓋此等ノ處分ハ強チ法理ニ泥マス專ラ情義ニ依ルヲ以テ穩當トス但其專斷偏私ノ弊ナカラシメンカ爲メ其處分ヲ參事會ニ決セリ而シテ其參事會ノ議決ニ對シテハ司法ノ裁判ヲ仰クヲ許サス

市町村經界ノ爭論ハ公法上ノ權利ノ廣狹ニ關スルヲ以テ公法ニ屬セリ故ニ此類ノ爭論ハ司法裁判ヲ求ムルヲ許サスシテ參事會ノ裁決ニ付シ終審ニ於テハ行政裁判所ノ判決ニ任セリ(市制町村制第五條)若シ之ニ反シテ民法上ノ所有權若クハ使用權ニ關スル爭論ハ固ヨリ司法裁判ニ屬スヘキヲ以テ其爭論者ノ一方若クハ雙方トモ市町村ニ係ルト雖モ參事會ノ裁決ニ付セス行政裁判ニ屬セサルハ勿論ナリ

第二款　市町村住民籍及公民權

町村ト人民トノ關係ハ現行ノ法ニ於テ本籍寄留ノ別アリ現實ノ住居地ハ必シモ本籍地ナラス本籍ハ殆ント虛名ヲ存スルニ過キサルモノアリ而シテ府縣會議員ノ選擧ノ如キ公法上ノ權利ハ本籍ニ屬シテ寄留地ニ屬セサルモノアリ甚タ事實ト相適セス蓋公法上ノ權利ヲ行フハ現實ノ利害ニ基ク可クシテ虛名ニ依ル可カラス故ニ本制ニ於テハ現行本籍寄留ノ法ニ依ラス凡市町村內ニ住居ヲ定ムル者ハ即市町村住民ニシテ本籍寄留ノ別アルコトナシ尤市町村住民籍即屬籍ノ例規ハ別ニ法令ヲ以テ之ヲ制定センコトヲ期ス故ニ玆ニ之ヲ詳述セスト雖モ要スルニ本制ノ行ハルヽ日ヨリ人民ト町村トノ關係即町村ノ屬籍ニ付テハ從來本籍寄留ノ例ヲ一變スルモノナリ但戶籍上ノ事即戶主家族ノ關係ニ於テハ之ト相關スルコトナク從前ノ戶籍法ヲ存シテ之ヲ變更セサルナリ

市町村住民ノ權利ハ市町村ノ營造物ヲ共用シ其財産所得ノ使用ニ參與スルニ在リ但法律及市町村ノ條例規則ニ據ル可キハ固ヨリ言ヲ待タス其義務ハ市町村ノ負擔ヲ分任スルニ在リ其義務ノ生スルハ即市町村ニ住居ヲ定メ住民ト爲リシ時ニ起ル但シ市町村內ニ住居ヲ定メス一時滯在ス

ル者卽其市町村住民ニ非サル者ト雖モ其滞在ノ久キニ至テハ市町村ノ負擔ニ任セシムルヲ當然トス（市制町村制第九十二條）

故ニ身羈旅ニ在ル者ト一時ノ滞在者トヲ除クノ外凡市町村內ニ住居ヲ定マル者ハ卽皆市町村住民タリ軍人官吏ノ如キモ亦皆然リ然リト雖モ軍人官吏ハ公民權ヲ行ヒ及市町村ノ負擔ヲ分任スル上ニ於テ例外ニ置クヲ必要ト爲スノ條件アリ卽市制第八條、第九條、第十二條、第十五條、第五十五、第九十六條町村ニ市制第八、第九條、第十二條、第十五條、第五十三條、第九十六條ニ定ムル所ノ如シ又皇族ハ市町村ノ屬籍外タルコト勿論ナレハ敢テ本制ニ掲載セス

市町村住民中公務ニ參與スルノ權アリ又義務アル者ハ別ニ要件ヲ定メテ其資格ニ適フ者ニ限ル之ヲ公民トス（市制町村制第七條）

公民ハ住民中ニ在テ特別ノ權利ヲ有シ重大ノ負擔ヲ帶ヒタル者トス其資格ノ要件ハ自ラ民度風俗ニ從ヒ各地方ノ情況ヲ酌ミ以テ其宜ヲ制スルヲ便ナリトス故ニ市町村ノ自主ノ權ニ任セ適宜之ヲ制定セシム可キカ如シト雖モ又一方ヨリ考フレハ各地方區々ニ出テ、權利上公平ヲ失スルノ恐ナキ能ハス各國ノ例ヲ案スルニ是亦異同アリテ一定セス今本制ハ本邦ノ民度情体ヲ察シ併セテ各國ノ制ヲ參酌シ之ヲ制定セリ

各國ノ例ヲ案スルニ大略二類アリ一ハ卽市町村住民ニシテ法律上ノ要件ニ適スルトキハ直ニ公民權トナルノ法トシ一ハ則特別ノ手續ニ依テ公民權ヲ得ルノ法トス今第一ノ例ヲ以テ適當ト爲ス故ニ本制ハ市町村住民中市制町村制第七條ニ規定シタル要件ニ適スル片ハ直ニ公民タルヲ得ル者トス

外國人及公權ヲ有セサル者ニハ公民權ヲ與フ可カラサルコト疑ヲ容レス本制ニ於テハ婦人及獨立セル者モ亦皆公民外ニ置クヲ通例トス但市制町村制第十二條、第二十四條ニ於テハ之ニ選擧權ヲ與フルノ特例アリ官府其他總テ法人タル者モ亦之ニ準ス其他ハ一般ニ二年以來市制町村制第七條ニ列記シタル要件ヲ有スルヲ要ス然ルニ一般ニ二年以上ノ制限アルハ或ハ不公平ヲ生スルノ恐アリト雖モ市町村會ニ於テ之ヲ特免スルノ權利ヲ有スルヲ以テ其甚シキニ至ラサル可シ其他多額ノ納稅者ニ就テモ亦之ニ類スル特例ヲ設ク市制町村制第十二條甲市町村ノ住民ニシテ乙市町村內ニ土地ヲ所有シ若クハ營業ヲ爲スカ爲メニ市制町村制第九十三條ニ從ヒ市町村稅ヲ負擔スル者アリ此ノ如キ者ニハ固ヨリ完全ノ公民權ヲ與ヘスト雖モ市制町村制第十二條ニ從

テ特ニ選擧權ヲ行ハシムルモノトス蓋本制ニ定ムル要件中納税額ノ制限ヲ設クル所以ハ市町村ヲ以テ其盛衰ニ利害ノ關係ヲ有セサル無智無產ノ小民ニ放任スルコトヲ欲セサルカ爲メナリ然レトモ本制ニハ二級若クハ三級選擧法ヲ行フニ依テ幸ニ小民ノ多數ヲ以テ資產者ヲ抑壓スルノ患ヲ免ルヽ可キカ故ニ其制限ハ之ヲ低度ニ定ムルモ妨ケナシ元來選擧權ヲ擴充シ以テ細民不滿ノ念ヲ絶タンコトヲ期スルハ此選擧法ノ他ニ優レリトスル所ナシ故ニ本制ニ於テハ二年以來町村內ニ於テ地租ヲ納ムル者ハ其制限額ヲ設ケス其他ノ納税者ハ二圓以上トセリ而シテ其税額直接國税ヲ標準ト爲シ市制町村制第十二條、第十三條ノ場合ノ如ク市町村税ヲ標準トセサル所以ノモノハ現今町村費ノ賦課法タル各地方異同アリテ未タ完全ノ域ニ達セサルヲ以テ町村税ニ依リ其標準ヲ立ツルハ頗ル難事ニ屬スルヲ以テナリ

公民權ヲ得ルノ條件アル以上ハ其條件ヲ失フ者ハ又其權ヲ喪フ可シ（市制町村制九條）即公民權ハ左ノ事件ト共ニ消滅スルモノトス

一國民籍ヲ失フ事

二公權ヲ失フ事

三市町村內ニ住居セサル事即住民權ヲ失フ事

四公費ヲ以テ救助ヲ受クル事

五獨立ヲ失フ事即一戶ヲ構フルコトヲ止メ又ハ治產ノ禁ヲ受タル事

六市町村負擔ノ分任ヲ止ムル事

七市町村內ノ所有地ヲ他人ニ讓リ又ハ直接國税貳圓以上ヲ納メサル事

租税滯納處分中ノ者ハ公民權ヲ喪失スルニアラスシテ停止セラルヽモノナリ其他市制町村制第九條第二項ニ記載セル場合ハ總テ之ニ同シ喪失ト停止トノ區別ハ停止ノ時ハ其權利ヲ存シテ只法律ニ定メタル事由ノ存スル間之カ執行ヲ止ムルニ在リ

公民權ヲ有スル者ハ一方ニ在テハ選擧被選擧ノ權利ヲ有シ一方ニ在テハ市町村ノ代議及行政上ノ名譽職ヲ擔任ス可キ義務ヲ負フモノトス此義務ハ渾テ法律上ノ義務ニ於ケルカ如ク强制シテ之ヲ履行セシメサル可カラス固ヨリ直接ニ之ヲ强制スルヲ得スト雖モ故ナク名譽職ヲ拒辭シ退職シ又ハ實際執務セサル者ヲ懲罰スルニ公務ニ參與スルノ權ヲ停止シ並市町村税ヲ増課スルノ例アルハ即間接ノ裁制ヲ存スル所以ナリ

（市制町村制第八條）
其裁制ヲ行フノ權ハ之ヲ市町村會ニ付與シ住民權公民權ノ有無等ニ關スル爭論モ亦之ヲ市町村會ノ議決ニ任シ（市制第三十五條町村制第三十七條）之ニ關スル訴願ハ參事會ノ議決ニ付シ行政裁判所ニ出訴スルヲ許シテ以テ其權利ヲ保護スルハ皆本制大体ノ精神ヨリ出ツル所ナリ

第三款　自主ノ權

自主ノ權トハ市町村等ノ自治体ニ於テ其內部ノ事務ヲ整理スルカ爲メニ法規ヲ立ツルノ權利ヲ謂フ所謂自治ノ義ト混同ス可カラス自治トハ國ノ法律ニ遵依シ名譽職ヲ以テ事務ヲ處理スルヲ謂フ元來法規ヲ立ツルハ國權ニ屬スルモノナリト雖モ或ル範圍內ニ於テ之ヲ自治區ニ付與スル所以ノモノハ一國ノ立法權ヲ以テ周ク地方ノ情況ヲ酌量シ其特殊ノ需要ニ應スルコト能ハザルニ因ル固ヨリ市町村ノ法規ハ其市町村ノ區域內ニ限リ且國ノ法律ヲ以テ其自主權ニ任シタル事件ニ限リ效力アルモノトス其委任ノ範圍ノ如キハ古來ノ沿革及人民政治上ノ敎育ノ度ニ伴隨ス可キモノニシテ其範圍ノ廣狹ニ依テ利害ノ分ル、所立法官タル者最愼マサル可カラス今本邦各地方ノ情況ヲ裁酌シ自主ノ權ヲ適實ニ施行ス可キノ望ナキモノハ法律ヲ以テ之ヲ定規シ或ハ法律ヲ以テ模範ヲ示シ猶地方ノ情況ニ依リ自主ノ權ヲ以テ之ヲ增減斟酌スルヲ許サントス

市町村ノ自主ノ權ヲ以テ設クル所ノ法規ニ條例及規則ノ別アリ規則トハ市町村ノ營造物（瓦斯局水道、病院ノ類）ノ組織及其使用法ヲ規定スルモノヲ謂ヒ條例トハ市町村ノ組織又ハ市町村ト其住民トノ關係即市町村ノ組織中ニ在テ權利義務ヲ規定スルモノヲ謂フ其法律命令ニ抵觸スルヲ得サルハ二者共ニ相同シ但條例ニ在テハ此外猶制限アリ即法律ニ明文ヲ揭ケテ特例ヲ設クルコトヲ許シ或ハ法律ノ明條ナクシテ自主ノ權ヲ許シタル場合ニ限ルモノトス明文ヲ以テ條例ヲ設クルコトヲ許シタル場合ヲ列擧スレハ市制ニ在テハ第十一條、第四十九條、第六十九條、第七十三條第七十七條、第八十四條、第九十一條、第九十七條、第百二條、町村制ニ在テハ第十一條、第十四條、第三十一條、第五十二條、第五十六條、第六十五條、第七十七條、第八十四條、第九十一條、第九十七條、第百二條、第百十四條トス其他本制ニ於テ條例ト謂ハスシテ條例ニ均シキ規定ヲ許シタル場合モ亦少カラズ其條例ト明言セサル所以ハ專ラ許可ヲ要セサルニ在リ（市制第四十條、第四十八條、第六十條、町村制第四十二條、第五十條、第六十四條）

條例規則ヲ新設改正スルハ市町村會之ヲ決議シ（市制第三十一條第一、町村制第三十三條第一）

市制第百二十一條第一及第百二十三條第一町村制第百二十五條第一及第百二十七條第一ニ依リ許可ヲ受クヘキモノトス但町村制第三十一條及第百十四條ニ於テハ特例トシテ之ヲ郡參事會ノ議決ニ委任セリ是町村會ニ於テ此議決ヲ爲スヲ得ス又其議決ノ偏頗ニ失スルノ恐アルヲ以テナリ又本制施行ノ當初未タ市町村會ヲ召集セサル間ニ於テ市例ヲ以テ規定スヘキ事項ノ處分法ハ市制第百二十八條及町市制第百三十一條ニ揭ル其他條例規則ヲ論セス公布ヲ以テ初メテ他人ニ對シテ効力ヲ有スルハ一般ノ法理ニ照シテ疑ナキ所ナリ

市制町村制第二章　市會町村會

市町村ハ法人タル者ナレハ之ニ代テ思想ヲ發露シ之ニ代テ業務ヲ行フ所ノ機關ナカル可カラス其機關ニ代議ノ機關ト行政ノ機關トノ二者アリ

代議ノ機關トハ即市會町村會ニシテ其沿革ノ詳ナルハ今姑ク措キ往時町村ノ寄合ト稱セシモノニ起リ維新後ニ至テ府縣會ト同ク各地方ニ町村會ヲ開キタリ然レトモ其法律ヲ以テ制定シタルハ即明治十三年ノ區町村會法ヲ創始トシ其後明治十七年ノ改正ヲ經テ今日ニ及ヘリ然レトモ其法律ハ會議ノ大則ヲ定タルニ過キスシテ餘ハ之ヲ各地方ノ適宜定ムル所ニ任セタリ又全國ノ町村悉ク之ヲ開設スルニ非ス小町村ノ如キ會議ヲ設ケサルモ亦少シトセス今之ヲ改メテ會議ノ規則ヲ制定スト雖モ猶多少ノ酌量ヲ地方ニ任セ且小町村ノ如キハ代議會ヲ設ケサルヲ許シ代フルニ選擧人ノ總會ヲ以テセリ

第一款　組織及選擧

代議機關ハ完全ナル權利ヲ有セル市町村民ノ選擧ニ出ツルモノトス其組織ノ方法ニ至テハ外國ノ例ヲ參考スルニ各多少ノ異同アリ蓋國ノ情況ニ適合スル完備ノ法ヲ立ツルハ易カラサル所ナリト雖モ今古來ノ沿革時勢人情ヲ考察シ傍ラ外國ノ例ヲ參酌シテ以テ其宜ヲ制定ス其要點左ノ如シ

一　選擧權

選擧權ハ素ヨリ完全ナル權利ヲ有スル公民ニ限リテ之ヲ有ス可シ然ルニ此權利ヲ擴張シ特例トシテ之ヲ公民ナラサル者ニ與フルコトアリ（市制町村制第十二條）是其人ノ利害ニ關スル所最厚ク且市町村税負擔ノ最重キカ故ナリ此點ハ上ニ之ヲ詳述セリ

二　被選擧權

被選舉權ハ選舉權ヲ有スル者ニ限リテ之ヲ有ス可シト雖モ其市町村ノ公民ニ非サル者ニ至テハ假令選舉權ヲ有スルモ被選舉權ヲ有セス其他被選舉權ノ要件ヲ選舉權ノ要件ニ同クシテ別ニ之カ制限ヲ設ケサルハ適任ノ人物ヲ選擇スルノ區域ヲ徒ニ減縮セサランカ為メナリ被選舉權ヲ與ヘサル制限ハ或ハ外國ノ例ヲ參酌シテ之ヲ取ルモノアリ或ハ地方ノ情況ニ照シテ已ムヲ得サルモノアリ又本制ニ於テハ無給ノ市町村吏員ニ被選舉權ヲ與ヘタリ市町村ノ行政事務ヲ掌ル名譽職ヲ擔任シ公共事務ニ從事スル者ヲ代議會ニ加フルヲ許スハ穩當ナラサルカ如シト雖モ地方ニ依リテハ多ク適任ノ人ヲ得可カラサルヲ以テナリ行政ト代議ト最利害ノ抵觸シ易キ場合ニ關シテハ市制第三十八條第四十三條、第六十六條町村制第四十條、第四十五條、第百十三條等ニ於テ豫メ之ニ處スルノ法ヲ設ケタリ

三　選舉等級

本制ニ於テハ納稅額ニ依テ選舉人ノ等級ヲ立テ選舉權ヲ以テ市町村稅負擔ノ輕重ニ伴隨セシム蓋名譽職ニ任スルハ町村公民ノ輕カラサル義務ナレハ資產アル者ニ非サレハ之ニ任スルコト能ハス又其稅額ノ多寡ハ姑ク之ヲ論セサルモ其專ラ自己ノ義務ヲ負擔スル者ニ相當ノ權力ヲ有セシムルハ固ヨリ當然ノ理ナリ今等級選舉法ヲ以テ常例トセルハ即此要旨ニ外ナラス等級選舉ノ例ハ本邦ニ於テハ創始ニ屬スト雖モ之ヲ外國ノ實例ニ照スニ明ニ其良結果アルヲ徵スルニ足ル本制被選舉權ノ資格ヲ廣クシテ而シテ其流弊ナキヲ信スル所以ノモノハ即此選舉法ニ依テ以テ細民ノ多數ニ制セラル、ノ弊ヲ防クニ足ルヘキヲ以テナリ

各地方ノ狀況ヲ見ルニ都鄙ニ依テ貧富ヲ異ニシ地形ニ依テ產業ニ別アリ故ニ各地ニ通スル一定ノ稅額ヲ設ケテ等級ヲ分ツコトヲ得ス又單ニ土地ノ所有ヲ以テ選舉權ノ標準ト為スコトヲ得ス是ヲ以テ等級法ヲ立テントスルニハ市町村內ニ於テ徵收スル市町村稅ノ總額ヲ標準トシテ各自納稅額ノ多寡ニ依テ其順序ヲ定メ等級ヲ立ツルノ外他ニ良法アルヲ知ラス然ルニ市ハ通シテ三級トシ町村ハ單ニ二級トセルハ市民ハ戶口多ク貧富ノ階級アルコト町村民ノ等差少キカ如キニ非サルヲ以テナリ(市制町村制第十三條)但町村ニシテ特別ノ事情アルモノアリ例ヘハ選舉人寡少ニシテ其稅額ノ等差モ亦少ク或ハ一二ノ納稅者アリテ非常ニ多額ノ稅ヲ納ムルカ或ハ大町村ニ於テ其納稅者ノ等差極メテ甚キノ類ニシテ二級選舉法ヲ適當トセサル場合モアル可シ此場合ニ於テハ町村條例ヲ以テ三級選舉法ヲ設クルコトアル可ク或ハ等級ヲ設ケス或ハ更ニ他ノ方法

ヲ立ツルコトヲ得セシメントス尤二級若クハ三級選擧法ヲ以テ普制ト為スカ故ニ不得已ノ事情アリテ許可ヲ受クルニ非サレハ此特例ヲ設クルコトヲ得サル可シ

被選擧人ハ其區内級内ノ者ニ限ラスト為スハ(市制第十三條、第十四條、町村制第十三條)市町村會ノ議員ハ全市町村ノ代表者タルノ原則ヨリ出ツルモノニシテ是亦實際ノ便宜トスル所ナリ

四　選擧ノ手續

選擧ノ事務タル其關スル所輕カラサルヲ以テ其細則ニ至ルマテ法律ヲ以テ之ヲ規定スルヲ要ス其單ニ手續ニ屬スル事項ト雖モ力メテ法律ニ之ヲ制定スル所以ノモノハ選擧ノ公平確實ナルコトヲ保シ行政廳ノ干渉ヲ防キ或ハ干渉ノ疑ヲ避ケンカ為メナリ其順序大略左ノ如シ

選擧ハ通例三年毎ニ之ヲ行ノ之ヲ定期選擧トシ議員ノ半數ヲ改選ス其半數ヲ改選スルハ事務ニ熟續セル議員ヲ存續セシメンカ為メ也但解散ノ場合ハ斯ノ如クナルヲ得ス又此法律施行ノ當初ニ於選擧セラレタル議員ハ初回ノ改選ニ方リ抽籤ヲ以テ半數ヲ退任セシムルニ依リ其半數ハ三年間在職スルモノトス此二箇ノ場合ヲ除キ議員ハ總テ六年間在職スルモノトス若シ議員任期中ニ死亡シ若クハ退職スルトキハ直ニ補闕員ヲ選擧シ前任者ノ任期ヲ襲カシメサル可カラス之ヲ補闕選擧トス然レトモ屢選擧ヲ行フトキハ其煩ニ堪ヘサルカ故ニ補闕選擧ハ定期選擧ヲ待テ之ヲ同時ニ行フヲ通例トス假令一二ノ闕員アルモ事務ニ支障ナカルヘキヲ以テナリ然レモ若シ多數ノ議員退任スル等已ムヲ得ス補闕員ヲ選擧スルノ必要アルトキハ市制町村制第十七條ニ於テ之レカ便法ヲ設ク

選擧ヲ為スノ準備ニ屬スル事ハ之ヲ行政機關即町村長若クハ市長及市參事會ニ委任セリ而シテ其事務ハ選擧ノ基礎タル選擧名簿ヲ調製スルヲ以テ第一トス本制ハ所謂永續名簿ノ法ニ依ラス選擧ヲ行フ毎ニ名簿ヲ新ニスルノ法ヲ取レリ(市制町村制第十八條)其調製シタル名簿ハ選擧前數日間關係者ノ縱覽ニ供シ異議アル者ハ市町村長ニ申立テ又ハ訴願若クハ行政訴訟ノ手續(市制第三十五條、町村制第三十七條)ヲ以テ誤ヲ正ス可キ便利ヲ與ヘタリ此名簿ノ調製ハ選擧ヨリ數日前ニ終結ス可キカ故ニ其結了ノ時ニ行ヒタル裁決ハ之ヲ執行ス可シト雖モ各訴願ノ確定終局ニ至ル迄荏苒日ヲ曠クスルヲ得ス選擧ノ期日ニ至レハ其訴願ニ拘ラス之ヲ執行ス若シ名簿ニ錯誤アルカ為メ選擧ノ無效ニ歸スルコトアレハ更ニ之ヲ申立ツルコトヲ得可シ又被選人當選ヲ辭シ或ハ選擧ヲ無效ナリト斷定セラレタル時ト雖モ更ニ名簿ヲ調製スルヲ要セス判決ニ準據シテ

舊名簿ヲ訂正シタル上之ヲ用フルモノトシ之カ爲メニ更ニ關係人ノ縱覽ニ供シテ正誤申立ノ時間ヲ與フルニアラス唯名簿全体ノ不正ナルカ爲メ全選擧ヲ無效ナリトシタル時ニ至テハ新簿ヲ調製スルコト已ムヲ得サルナリ

選擧ノ期日ハ町村長市參事會之ヲ定ム本制ニ據レハ選擧人ヲ召喚スルニハ公告ヲ以テ足レリトスト雖モ實際市町村ノ便宜ニ依リ各選擧人ニ對シ特ニ召集狀ヲ送付スルコアルモ妨ケナシ其他投票時間ヲ定ムルハ市長町村長ニ任シタルヲ以テ市長町村長ハ選擧人ノ多寡及地形等ヲ參酌シテ之ヲ定ム可シ

選擧事務ノ統轄ハ之ヲ自治ノ吏員ニ委任シ(市制町村制第二十條)監督官廳ハ特ニ之カ監督ヲ爲ス可キノミ(市制第二十八條、町村制第二十九條)而シテ選擧掛ハ衆議体ニ編制セリ選擧掛ハ選擧人代理者ノ許否、投票ノ效力等直ニ之ヲ裁決セサルヲ得ス此ノ如キハ一個ノ吏員ニ委任スルコヲ得サルヲ以テナリ固ヨリ選擧掛ニ於テ右等ノ事件ヲ議決スト雖モ後ニ至リ選擧ノ無效ヲ申立ツル者アルトキハ之ヲ裁決スル官廳ニ於テハ右議決ニ拘ラス至當ノ裁決ヲ爲ス可キモノトス

選擧會ハ選擧人ニ取リテハ公會ナリト雖モ(市制町村制第二十一條)其選擧ハ全ク秘密投票ノ法ヲ以テス即チ選擧掛ハ勿論其他何人ニテモ投票者ニ於テ何人ヲ選擧セントスルカヲ知ラシメサルモノトス故ニ選擧ノ際ハ投票ヲ用ヒ票中ニ投票者ノ氏名ヲ記載セス又之ニ調印セシメス封緘シテ之ヲ差出サシム(市制町村制第二十二條、第二十三條)元來公選擧ト秘選擧トノ別アリ其利害得失ニ就テハ互ニ論アリト雖モ今特ニ地方自治區ノ選擧ニ就テ之ヲ考フルニ町村ノ事情タル居民常ニ相密接スルモノナレハ選擧ノ自由ヲ妨ケサランカ爲メニ寧ロ秘密選擧ヲ以テ良法ト爲ス而シテ選擧權ヲ有セサル者ノ投票又ハ重複ノ投票ヲ防カンカ爲メニハ選擧人自ラ出頭スルノ例アリ(市制町村制第二十四條)又名簿ニ照シテ之ヲ受クルノ法(市制町村制第二十二條)アリ選擧人自ラ出頭シテ選擧ヲ行フノ例ヲ設クルハ毫モ選擧ノ利害ニ關セサル輩ノ勸告ニ依テ之ニ投票ヲ託セントスルカ如キ者ヲ選擧排除シ選擧ノ自由ヲ保護スル所以ナリ但市制町村制第二十四條第二項ニ揭クルモノハ已ムヲ得サルノ特例ナリトス選擧ヲ行フニ下級ヲ先キニシ上級ヲ後ニスルハ(市制町村制第十九條)下級ノ選擧人ヲシテ人ヲ擇フニ充分ノ區域ヲ得セシメンカ爲メナリ而シテ先ツ下級ノ選擧ヲ了ルノ後ニ上級ノ選擧ニ着手セシム可シ是一人ニシテ數級ノ選ニ當ル

ヿヲ防キ且上級ノ者ヲシテ下級ノ選擧ニ當ラサル候補者ヲ選擇スルヿヲ得セシムルモノナリ選擧ノ結果ヲ證スルカ爲メニ選擧錄ヲ製スルノ例(市制第二十六條町村制第二十七條)アルハ選擧ノ效力ヲ議決スル證憑ヲ備ヘンカ爲メナリ

當選ノ認定ハ議員ノ選擧ニハ比較多數ノ法ヲ取リ(市制第二十五條町村制第二十六條)市町村吏員ノ選擧ニハ過半數ノ法ヲ用フ(市制第四十四條町村制第四十六條)元來總テ過半數ヲ以テスルヲ正則トスレモ事宜ヲ計リテ便法ヲ設ケタルナリ

選擧ノ效力ニ關シ異議ヲ申立ツルノ權利ハ選擧人及市長町村長ノ外公益上ヨリ其效力ヲ監査スルカ爲メニ郡長及府縣知事モ亦此權利ヲ有ス選擧人及市長町村長ノ異議アルモノハ市町村會ノ裁決ニ任シ郡長府縣知事ノ異議アルモノハ參事會ノ裁決ニ任シ其郡參事會ノ裁決ニ不服アルトキハ府縣參事會ニ訴願スルコトヲ得其府縣參事會ノ裁決ニ不服アルトキハ行政裁判所ニ出訴スルコトヲ得ルモノトス是實ニ利害上ノ爭ニアラスシテ權利ノ消長ニ關スレハナリ(市制第二十八條、第三十五條、町村制第二十九條、第三十七條)

一旦選擧ヲ有效ト定メ或ハ其效力ニ異議ナクシテ經過シタル後ト雖モ當選者被選擧權ノ要件ヲ選擧ノ當時ニ有セサリシヿヲ發覺シ或ハ其當時有シタル要件ヲ失フコトアル可シ斯ル場合ニ於テハ固ヨリ市制第二十九條、町村制第三十條ノ結果ヲ生ス可シ其裁決ノ手續ハ市制第三十五條、町村制第三十七條ニ據ル

五　名譽職

市制町村制第十六條、第二十條、第七十五條ニ依リ名譽職ヲ置クハ本制大体ノ原則ニ出ツルナリ

第二款　職務權限及處務規程

市會町村會ハ市町村ノ代表者ナリ其權限ハ市町村ノ事務ニ止マリ其他ノ事務ハ從來ノ委任ニ依リ又ハ將來法律勅令ニ依テ特ニ委任スル事項ニ限リテ參與スルモノトス若シ大政ニ論及スル等凡ソ此界限ヲ踰ユルモノハ則法律ニ悖戾スルモノナレハ法律上ノ權力ヲ以テ(市制第六十四條第二項第一、第百二十條、町村制第六十八條第二項第一、第百二十四條)之ヲ制セサル可カラス其他市制第百十八條、第百十九條、町村制第百二十二條、第百二十三條ハ皆市會町村會ノ怠慢ヲ防制スルノ權力ナリトス

市會町村會ハ代表機關ト爲スト雖モ(市制第三十條、町村制第三十二條)外部ニ對メ市町村ヲ代

表スルハ行政機關ノ任トス（市制第六十四條第二項第七、町村制第六十八條第二項第七）即市會町村會ハ專ラ行政機關ニ對シ市町村ヲ代表スルモノナリ市制第三十一條以下及町村制第三十三條以下ニ列載シタル職務ハ皆此地位ニ依テ生ルモノトス

一　市會町村會ハ條例規則、歲計豫算、決算報告、市町村稅賦課法及財產管理上ノ重要事件等ヲ議決ス市制第百十八條、第百十九條、町村制第百二十二條、第百二十三條ノ場合ヲ除クノ外行政機關ハ議會ノ議決ニ依テ方針ヲ取ラサルヲ得ス但其議決上司ノ許可ヲ得可キモノハ市制第百二十一條ヨリ第百二十三條ニ至リ及町村制第百二十五條ヨリ第百二十七條ニ至ルノ各條ニ依ル

二　市會町村會ノ執行ス可キ選擧ハ載セテ市制第三十七條第五十一條、第五十八條、第六十條及町村制第五十三條、第六十二條、第六十三條、第六十四條、第六十五條ニ在リ

三　市會町村會ハ市町村ノ行務ヲ監査スルノ權利ヲ有ス其監査ノ方法ハ書類及計算書ヲ撿閱シ町村長若クハ市參事會ニ對シテ事務報告ヲ要求スルノ類是ナリ此權利ニ對シテ町村長若クハ市參事會ハ之ニ應スルノ義務アリ若シ市會町村會ニ於テ意見アルトキハ之ヲ官廳ニ具狀スルヿヲ得可シ

四　市會町村會ニ於テ官廳ノ諮問ヲ受クルトキハ之ニ對シテ意見ヲ陳述スルハ其義務ナリトス

五　其他市會町村會ハ或場合ニ於テ公法上ノ爭論ニ付始審ノ裁決ヲ爲スノ權アリ（市制第三十五條、町村制第三十七條）

市會町村會ノ議員ハ其職務ヲ執行スルニ當テハ法令ヲ遵奉シ其範圍内ニ於テ不覊ノ精神ヲ以テ事ヲ評議ス可シ決シテ選擧人ノ指示若クハ委囑ヲ受ク可キモノニアラス（市制第三十六條、町村制第三十八條）是固ヨリ法理ニ於テ明ナル所ナリト雖モ議員ノ職務ヲ以テ選擧人ノ委任ニ出ルモノヽ如ク視做シ議員ハ選擧人ノ示シタル條件ヲ恪遵ス可キモノト爲スノ誤ヲ來サヽランカ爲メニ特ニ其明文ヲ揭クルナリ

處務規程ハ市制第三十七條ヨリ第四十七條ニ至リ町村制第三十九條ヨリ第四十九條ニ至ルノ各條ニ於テ之ヲ設ク此條規ハ概ネ說明ヲ要セサル可シ只茲ニ一言ス可キハ町村會ハ通例町村長若クハ其代理者タル助役ヲ以テ議長トシ(町村制第三十九條)市會ハ別ニ互選シテ議長ヲ置キ(市制第三十七條)此區別ヲ爲シタル所以ハ町村ニ在テハ町村長及助役ノ外事務ニ熟練スル者多カラスシテ殊ニ議長ノ任ニ堪フル者ハ概ネ少ク且一人一個ノ責任ヲ以テ行政ノ全体ニ任スル場合ニ於テハ成ル可ク議員ト密接ノ關係ヲ有セシムルコト必要ナレハナリ町村制第四十四條ノ場合ヲ除クノ外町村長及助役ニシテ議決權ヲ有スルハ其議員ヲ兼ヌル時ニ限ル可シ

市制町村制第三章　市町村行政

代議ノ行政トハ各別個ノ機關ヲ設ケサル可カラサルハ已ニ之ヲ記述シタルカ如シ而シテ町村ノ行政ハ之ヲ町村長一人ニ任シ補助員即助役一名若クハ數名ヲ置キ以テ之ヲ補助セシム市ニ於テ之ヲ市參事會ニ任セリ市長ハ其會員ノ一人ニシテ其會ノ事務ヲ統理シ外部ニ對シ參事會ヲ代表スルノ權ヲ有ス即町村ハ特任制ヲ取リ市ハ集議制ニ依ルモノナリ抑地方ノ自治行政ニハ集議制ヲ以テスルニ若クモノアラス然ルニ獨リ市ニ施シテ之ヲ町村ニ適用セサル所以ノモノハ集議制ハ特任制ニ比シ頗ル錯綜ニ渉ルノ弊アリ而シテ小町村ノ行政ハ力メテ簡易ノ編制ニ依ルヲ要スルヲ以テナリ且集議制ヲ行ハントスレハ名譽職ヲ以テ行政ニ參與ス可キ適任者ヲ多ク求メサルヲ得ス而シテ此事タル今日ノ情況ニテハ都會ノ地ニ非サレハ望ム可カラサレハナリ大町村ニ於テモ亦此集議制ヲ施行ス可キ必要アリヤ否又之ヲ施行シ得可キヤ否ハ姑ク將來ノ變遷ヲ俟テ知ル可キナリ

本制市町村行政ノ條規ハ力メテ活用ノ區域ヲ廣クシ以テ各地方ノ情況ヲ斟酌スルノ餘地アラシメンコトヲ務メタリ

町村長、助役、市參事會及市長ハ皆是市町村ノ機關ニシテ國ニ直隸スル機關ニアラス是ヲ以此機關ニ屬スル吏員ハ總テ市町村自ラ之ヲ選任スルヲ當然トス是各國ノ通則ニシテ其效益亦實際ノ經驗ニ著ハル、所ナレハ本制モ亦之ニ倣ヘリ(市制第五十一條、第五十八條、第五十九條、第六十條第六十一條、町村制第五十三條、第六十二條、第六十三條、第六十四條、第六十五條)然レトモ市町村ハ又國ノ一部分ニシテ市町村ノ行政ハ一般ノ施政ニ關係ヲ及ホシ從テ國家ノ利害ニ關セサルコトナシ且市町村及其吏員ニ委任スル國政ニ屬スル事務ヲ以テスルコトアリ市制第七十四條、町村制第六十九條ノ如キ是ナリ市長ノ選任ハ市會ヨリ候補者ヲ推薦シ裁可ヲ求ムルノ例アルカ如キモ亦此理由アルニ依ル（市制第五十條）但其選任ノ例ヲ異ニスト雖モ市長ハ均シク市ノ機關ニシテ一ノ市吏員ナリ法律上ヨリ其地位ヲ論スルトキハ一面ハ市ニ屬シ一面ハ國ニ隷ス猶町村長ノ町村ト國トニ兩屬スルカコトシ此資格ハ選任ノ例ヲ異ニスルガ爲メニ變更スルヿナシ其他樞要ノ市町村吏員即町村長、市町村助役、收入役ハ監督官廳ノ認可ヲ受ケシメ其認可ヲ得サルトキハ其選擧ハ無效ニ屬スルカ故ニ（市制第五十二條、第五十八條町村制第五十九條、至第六十一條）國ノ治安ヲ保持スル上ニ就テハ十分ノ權力ヲ有スルヲ得可シ又之ヲ認可スルニ方テ徒ニ其活動ヲ牽制セサランヿヲ欲シ認可ヲ拒ムニ一定ノ理由ヲ示サス其地ノ事情ト人物トヲ參酌メ其認可不認可ヲ決スルヲ得セシメントス其裁決ノ權ハ專ラ地方分權ノ原則ニ準シ之ヲ郡長又ハ府縣知事ニ委任セリ然レトモ其公平ヲ失スルノ弊ヲ防カンカ爲メ若クハ偏私ノ誹ヲ免レンカ爲メニ其認可ヲ拒マントスルトキハ郡參事會又ハ府縣參事會ノ同意ヲ得ルヲ必要ト爲セリ又已ニ官廳ノ認可ヲ受ケシムルノ法ヲ設クルトキハ其結局ノ處分法ナカル可カラス即其選擧遂ニ適任ノ人ヲ得スシテ止ムヲ得ザルトキハ官廳ヨリ其代理者ヲ特選シ若クハ官吏ヲ派遣シテ市町村ノ事務ヲ執ラシムルヿ得可シ以上ノ例規ニ依リ市町村吏員ノ選擧ヲ以テ之ヲ市町村ニ委任スルモ國ノ治安統一ヲ保ツヿニ於テ憂フ可キノ弊ナキヲ信ス

町村ニ於テ吏員ヲ選任スルノ權ハ之ヲ町村會若クハ總會ニ委任シ唯使丁ニ限リ之ヲ町村長ニ委任シ（町村制第五十三條、第六十二條、第六十三條、第六十四條、第六十五條）市ニ於テハ之ヲ市參事會ニ委任シ參事會員、委員及收入役ノ選定ニ限リ之ヲ市會ニ委任セリ（市制第五十一條、第五十八條、第五十九條第六十一條）市町村ノ吏員ヲ選任スルニ付テハ固ヨリ法律上ノ要件ヲ恪守セサル可カラス其要件ハ市制第五十五條、第五十八條、第六十條、第六十一條、市村制第五十三條、第五十六條、第六十四條、第六十五條ニ在リ其他ノ制限ハ刑法等他ノ法律ニ存ス

其他市町村吏員組織ノ大要ハ法律中ニ定ムルモノアリト雖モ各地方情況ヲ異ニスルヲ以テ市町村ノ自主權ニ廣濶ナル餘地ヲ與フルヿヲ得可ク又之ヲ與フルヲ要スルナリ

本制ニ定ムル市町村吏員ハ左ノ如シ

一　町村長

町村長ハ町村ノ統轄者ナリ即町村ノ名ヲ以テ委任ノ強制權ヲ執行スル者トス其強制權ノ幾部分

ハ既ニ町村制中ニ制定セリト雖モ(例ヘハ町村制第百二條ノ類)多クハ別法ヲ以テ之ヲ設ケサル可カラス其他町村長ハ町村ノ事務ヲ管理スルノ任アリ故ニ一方ニ在テハ町村ニ對シテ其執行ノ責任ヲ帶ヒ一方ニ在テハ法律ノ範圍內並官廳ヨリ其權限內ニテ發シタル命令ノ範圍內ニ於テ百般ノ事項ニ涉リ町村ノ幸福ヲ增進シ安寧ヲ保護スルヲ務メトス而シテ町村長ニ於テ町村長ハ議決ニ遵依ス可キ程度ハ町村制第三十三條以下ニ詳ナリ同條記載ノ事件ニ就テハ町村長ハ議會ノ議決ニ依ラスシテ之ヲ施行スルコト能ハサル而已ナラス猶其議事ヲ準備シ議決ヲ執行スルノ義務アリ故ニ町村會ニ於テ法律ニ背戾スルコトナク其權限內ニテ議決シタル事項ハ假令町村ノ爲メニ不便アリト認ムルモ町村長ハ之ヲ執行セサルヲ得ス唯町村長其議決ニ對シテ大ニ意見ヲ異ニシ公衆ノ利益ヲ害スト認ムルトキハ町村制第六十八條第二項第一ニ從テ議決ノ執行ヲ停止スルノ權ヲ有スル卽之ヲ停止シテ郡參事會ノ裁判ヲ請フコトヲ得可シ其法律命令ニ背キ又ハ權限ヲ越ユルモノモ亦之ニ同シ尤僅ニ利害ノ見込ヲ異ニシタルノミニテハ未タ以テ之ヲ停止スルノ理由ト爲スニ足ラス必公益ヲ損害スト認ムル時ニ限ル可シ蓋公益ノ爲メニ町村長ヲシテ此停止權ヲ有セシムルハ或ハ之ヲ濫用スルノ恐ナキニ非スト雖モ今日町村治ノ未タ整備セサルヨリ考フルトキハ姑ク此例ヲ存スルノ已ムヲ得サルモノアリ又監督官廳ハ町村長ニ停止ヲ命スルハ國ノ利害ニ關シ己ムヲ得サルモノニシテ監督官廳モ亦常ニ町村會議決ノ報告ヲ徵シテ其注意ヲ怠ラサル可シ其停止權ヲ濫用スルノ弊ハ參事會ノ參與アルヲ以テ自ラ之ヲ防制スルコトヲ得可シ其行政裁判所ヘ出訴スルノ權ヲ法律勅令ニ背戾シ及權限ヲ踰越スルノ場合ニ限リタルハ行政裁判所ハ專ラ法律上ノ爭論ヲ判決ス可キモノニシテ公益ニ關スル事ハ一ニ利害ノ爭ニ過キサレハナリ郡參事會ノ裁判ニ不服アル者ハ府縣參事會ニ訴願シ其府縣參事會ノ裁判ニ不服アル者ハ行政裁判所ニ出訴シ若クハ內務大臣ニ訴願スルヲ得可キコト町村制第百十九條及第百二十條ノ規定ニ依テ明ナリ

其他町村長ノ町村事務ハ町村制第六十八條第二項第二ヨリ第九ニ列載シタル條件ニ依テ明ナリ其各條件ニ關シテハ玆ニ說明ヲ要セサル可シ町村會ノ定額豫筭ニ關スル職權ニ依テ町村長ノ權利ニ制限ヲ加フル所以ハ第四章ニ於テ之ヲ說明ス可シ又町村會ノ議決町村制第百二十五條以下ニ從ヒ官ノ許可ヲ受ク可キモノハ之ヲ受クルノ前ニ施行スルヲ得サルコト固ヨリ言ヲ俟タス且時宜ニ依リテハ監督官廳ノ懲戒權ヲ以テ之ヲ強制スルヲ得可シ

町村制第六十九條ニ列記シタル事務ニ關シテハ町村長ハ全ク前述ノ場合ト異ナリタル地位ヲ有スルモノトス已ニ前章ニ記述シタル如ク國ハ町村ヲシテ國政ニ關スル事務ニ參與セシムルコトアル可シ之ヲ參與セシムルノ法ニアリ國政ニ屬スル事務ヲ以テ町村ニ委任シ其自治權ヲ以テ之ヲ處辨セシムルモノアリ又其事務ヲ町村ニ委任セスシテ直接ニ町村長其他町村ノ吏員ヲ指定シテ之ヲ委任スルモノアリ此區別ノ緊要ナル點ハ第一ノ例ニ據レハ斯ル事件ノ議決モ亦町村會ノ職權ニ歸シ町村長若クハ當該吏員ハ此事件ニ關シ町村會ニ對シテ責任ヲ帶ヒ且常ニ其監視ヲ受クルモノトシ第二ノ例ニ據レハ町村長ハ直接ニ官命ニ依テ事務ニ從事シ町村會ト相關セス此事務ニ關スル指揮命令ハ直ニ所屬官廳ヨリ之ヲ受ケ特ニ其官廳ニ對シテ責任ヲ帶フルモノトス元來甲乙二例ヲ比較スルトキハ互ニ得失アリト雖モ今日ノ情況ニ照シ事務ノ擧行ヲ期スルニ付テハ乙法ヲ行フニ如カス故ニ本制ハ乙法ヲ採リテ之ヲ第六十九條ニ明言セリ但細則ニ渉ルモノハ別法ニ讓ラントス且此乙法ヲ行フニ至テハ其委任ノ職務ニ付キ生スル所ノ費用ハ何レノ負擔ナルカヲ明言セサルヲ得ス依テ同條末項ニ之ヲ掲ク其他町村固有ノ事務ニ要スル費用ハ町村ノ自ラ負擔ス可キコト言ヲ俟タスシテ明ナリ

二　町村助役

助役ハ各町村ニ一名ヲ置クヲ通例トス然レトモ各地方ノ需要ニ應シテ或ハ之ヲ增加ス可キコトアリ之ヲ町村條例ノ定ムル所ニ任セリ（町村制第五十一條）助役ノ町村長ニ屬スルハ共ニ集議體ヲ爲スニアラス町村役場ノ事務ハ皆町村長ノ專決ニ在リ其責任モ亦町村長一人ニ屬ス故ニ助役ハ其補助員ニシテ一ニ町村長ノ指揮ニ從ヒ之ヲ輔佐スルモノトス唯町村長故障アリテ之ヲ代理スル場合及ヒ委任ヲ受ケテ事務ヲ專任スル場合ニ限リ自ラ其責任ヲ負フモノトス但事務ヲ委任スルニハ町村會ノ同意ヲ得ルヲ要シ（町村制第七十條）其町村長ニ委任ノ事務ニ係ルトキハ監督官廳ノ許可ヲ受クルヲ要ス

（町村制第六十九條）

三　市參事會

市ニ於テハ市長及助役ヲ置クコト町村ノ制ニ同クシテ別ニ名譽職參事會員若干名ヲ置キ合セテ集議體ヲ組織シ之ヲ市參事會トス是町村ノ制ト異ナル所ナリ助役及名譽職參事會員ノ定員ハ市制第四十九條ニ之ヲ定ムト雖モ市ノ情況ニ依リ增減ヲ要スルトキハ市條例ヲ以テ之ヲ增減スルコ

トヲ得可シ(市制第四十九條)市長ハ一箇ノ決議權ヲ有シ員數相半スル時ハ專決スルコトヲ得此集議會ノ職務ハ全ク町村長ノ職務ト其例ヲ同クス(市制第六十四條)其詳細ノ說明ハ玆ニ要セサル可シ其處務規程ハ本制ニ於テ多ク設クルヲ要セス(市制自第六十五條至第六十八條)其細目ニ至テハ內務省令ヲ以テ之ヲ定ムルコトアル可シ

市長ハ市ノ固有ノ事務ヲ處理スルト委任ノ事務ヲ處理スルト各別段ノ地位ヲ占ムルモノトス即チ市ノ固有ノ事務ニ就テハ參事會ノ議事ヲ統理シ之ヲ準備シ議決ヲ執行シ時ニ臨テハ議決ノ執行ヲ停止シ(市制第六十五條)外部ニ對シテ市ヲ代表スルモノニシテ唯急施ヲ要スル場合ニ限リ議決ヲ俟タスシテ專行スルコトヲ得可シ(市制第六十八條)然レトモ市制第七十四條ニ列載スル委任ノ事務ニ就テハ參事會ノ參與ヲ受ケスシテ專行スルモノトス此區別アルハ即前述ノ乙法ヲ取リ之ヲ市ニ委任セスメ特ニ市長ニ委任シタルニ依ル

市助役及其他ノ參事會員ハ會中ニ在テハ市長ト同一ノ議權ヲ有スト雖モ議事外ニ在テハ町村助役ノ町村長ニ於ケルト同ク市長ニ對シテ補助員ノ地位ニ在ルモノトス(市制第六十九條、第七十四條第二項)殊ニ都府ノ地ニ於テハ分業ノ必要ナル可キヲ以テ事務ヲ分テ參事會員ニ專任セシムルコト最緊要ナリトス此需要ニ應センカ爲メ本制ハ之ヲ市條例ノ適宜定ムル所ニ讓リ(市制第六十九條第三項)以テ各地方ノ便ニ從ハントス

四 委員

委員ヲ設クルハ市町村人民ヲシテ自治ノ制ニ習熟セシメンカ爲メニ最效益アリ委員アルトキハ多數ノ公民ヲシテ市町村ノ公益ノ爲メニ力ヲ竭スコトヲ得セシメ自治ノ効用ヲ擧クルコトヲ得可シ何トナレハ市町村公民ハ特リ會議又ハ參事會ニ加ルノミナラス委員ノ列ニ入リテ市町村ヘ行政ニ參與シ之ニ因テ自ラ實務ノ經驗ヲ積ミ能ク施政ノ難易ヲ了知スルコトヲ得可シ又地方ノ事情ヲ表白スルノ市會ヲ得テ大ニ事務吏員ノ短處ヲ補フコトヲ得可シ蓋シ吏員ハ自治ノ制ニ於テ緊要ナル地位ヲ占ムルモノニシテ本制施行ノ際委員ノ設ケヲ促シテ市町村公民ヲシテ之ニ參與セシメンコトヲ務ム可シ吏員ノ廢置ハ固ヨリ市會町村會ノ決議ニ在リ其組織及職務ハ市町村條例ノ定ムル所ニ在リト雖モ町村長及市參事會ハ正系ノ行政機關ニシテ委員ハ其一部分ニ參與スルニ過キサレハ委員ハ町村長若クハ市參事會ニ從屬シ概ネ市長若クハ町村長ヲ以テ委員長ト爲シ參事會員ヲ以テ多ク之ニ加ヘ市會町村會議員モ亦成ル可ク此委員ニ列セシメンコト

ヲ要ス市會町村會ノ吏員ニシテ行政ノ事務ニ加ハルトキハ能ク施政ノ緩急利害ヲ辨識シ行政吏員ト互ニ協同シテ事務ヲ擔任スルノ慣習ヲ生シ自ラ代議機關ト行政機關トノ軋轢ヲ防制スルコトヲ得可シ

五　區長

區域廣濶又ハ人口稠密ノ地ハ施政ノ便ヲ計ランカ為メ之ヲ數區ニ分ツノ必要アル可シ故ニ本制ハ市町村ニ區ヲ劃設スルヿヲ許シ之ニ區長及代理者ナル行政ノ機關ヲ設置セリ此機關ハ其市町村ノ行政廳ニ隷屬スルモノニシテ其指揮命令ヲ奉シテ事務ヲ區内ニ執行スルモノトス其委任事務ノ範圍ハ土地ノ情況ト市町村行政廳ノ酌量ニ在ルモノニシテ豫メ之ヲ定メスト雖モ區長ハ名譽職ニシテ別ニ區ノ附屬員ナル者アルニアラサレハ(三府ヲ除クノ外)實際此事情ヲ斟酌セサル可カラス要スルニ區ハ市町村内別ニ特立シタル一ノ自治体タルニ非ス區長モ亦其固有ノ職權アルニ非スシテ單ニ町村長市參事會ノ事務ヲ補助執行スルノ便ニ供フルニ過キス故ニ區長ハ市町村ノ機關ニシテ區ノ機關ニ非ス區ハ法人ノ權利ヲ有セス、財產ヲ所有セス、歲計豫算ヲ設ケス又議會若クハ其他ノ機關ヲ存スルコトナシ蓋區ヲ設クルトキハ施政ノ周到ナルヲ得可ク、一市町村内ノ各部ニ於テ利害ノ軋轢スルヲ調和シ、市町村費賦課ノ不平衡ヲ矯メ又能ク行政ノ勞費ヲ節略スルヲ得可シ要スルニ區長ヲ設クルハ更ニ自治ノ良元素ヲ市町村制中ニ加フルモノニシテ舊制ノ伍長組長等ノ例ヲ襲用セルナリ但從前ノ區内ニ存スル戶長ノ類ト混ス可カラス又區ニシテ從來固有ノ財產アル時ノ例ハ第五章ノ説明ニ詳述ス可シ

六　其他ノ市町村吏員

以上市町村吏員ノ外收入役アリ(市制第五十八條、町村制第六十二條)其職掌ハ市町村有財產ト連帶シテ説明ス可シ又書記其他技術上ニ要スル吏員アリ又使丁ナル者アリ機械的ニ使用スル者トス此等ノ吏員ヲ置キ相當ノ給料ヲ與フルハ市町村ノ義務トス(市制第百十七條、町村制第百二十一條)

町村ニ於テハ書記其他ノ吏員ヲ置キ俸給ヲ支出スルノ義務アリト雖モ本制ハ小町村ノ為メ一ノ便法ヲ設ケ町村長ニ一定ノ書記料ヲ給シテ其便宜ニ從ヒ書記ノ事務ヲ負擔スルヲ許サントス此便法ヲ設ケ及其書記料ノ額ヲ定ムルハ町村會ノ職權ニ在ル可キモノトス(町村制第六十三條第一項)若シ町村長ニ於テ其金額ニ不足アリト為ストキハ町村制第七十八條ニ依リ之ヲ郡參事會

ニ申立ツルコトヲ得可シ其他ノ細目ハ今之ヲ制定セス蓋書記料ヲ給與スルトキハ町村長ニ於テハ自ラ其事務費ヲ節約スルヲ得可シ監督官廳モ亦能ク是ニ注意シ公務上支障ナキ限リハ町村ニ說示シテ繁雜ヲ省キ冗費ヲ減センコトヲ務メサル可カラス要スルニ本制ハ分權ノ主義ニ依リ名譽職ヲ設ケ從テ從來ノ町村費ヲ節減センコトヲ期スト雖モ若シ市町村ニ於テ度外ノ節約ヲ行ヒ依テ公益ヲ害スルニ至ラントスルトキハ監督官廳ニ於テハ則チ之ニ干涉スルノ道アリ

市ハ勿論其他大ナル町村ニ於テハ文化ノ進ムニ從ヒ高等ノ技術員(法律顧問、土木工師、建築技師、衛生技師等ノ類)ヲ使用ス可キ必要ヲ生スルニ至ル可シ之ヲ使用スルニハ或ハ通常雇入ノ契約ヲ以テシ或ハ市町村吏員ト爲スコトアル可シ又時宜ニ依リ之ヲ有給ノ助役トシテ任用スルノ便アリ本制ハ此件ニ關シテハ全ク市町村ノ自由ニ任セントス尤警察、學事等ノ爲メニ特別ノ人員ヲ置クニ付テハ別段ノ法規ヲ要ス可シト雖モ皆是別法ヲ以テ定ム可キモノナリ

市町村ノ公務ニ任スル者ハ名譽職ト專務職トノ二種ニ分ツト雖モ本制ニ於テ主トシテ名譽職ヲ擴張シタル理由ハ上ニ之ヲ論述シタルカ如シ又本制ニ於テ名譽職ト爲ス可キコトヲ規定シタル場合ニ於テハ市町村ハ必之ニ遵依ス可シ決シテ有給職ト爲スヲ得ス然レトモ小町村ニ於テ名譽職ニ屬スルモノト雖モ大市町村ニ在テハ專務吏員ヲ置クヲ要スルコトアリ專務職トハ特別ノ技術若クハ學問上ノ養成ヲ要スル職務並事務繁多ニシテ本業ノ餘暇ヲ以テ無給ニテ負擔セシムルコト能ハサル職務ナリ此ノ如キ職務ハ有給吏員ト爲スヲ常例ト爲セリ此條理ノ範圍內ニ於テ市町村ハ自已ノ便宜ニ依リ有給吏員若クハ無給吏員ヲ置ク可キモノトス

今本制ニ於テハ市長市助役市町村收入役及市町村附屬員使丁ハ皆專務吏員ト爲ス可キ者トス町村長町村助役ハ名譽職ト爲スヲ原則トスト雖モ町村ノ情況ニ依テ之ヲ有給ノ專務職ト爲スヲ得セシム(町村制第五十五條第五十六條)市參事會員(市長助役ヲ除ク)委員區長ハ名譽職トス但三府ノ區長ハ有給吏員ト爲スコトアル可シ

專務吏員及名譽職吏員ハ共ニ市町村吏員ナリ本制ニ於テ其區別ヲ爲サヽルモノハ總テ此兩種ニ適用スルモノトス又市町村吏員タル者ハ其何レノ種類ニ屬スルニ拘ラス法律ニ準據シテ所屬ノ官廳及市町村廳ニ對シテ從順ナル可ク均シク懲戒法ニ服從ス可シ其懲戒ヲ行フハ町村長及市參事會(町村制第六十八條第二項第五、市制第六十四條第二項第五)及監督官廳(郡長、府縣知事ノ)任トス(町村制第百二十八條、市制第百二十四條)懲戒ノ罰トシテ本制ハ左ノ三種ヲ設ク

一　譴責
二　過怠金
三　解職

譴責又ハ過怠金ニ處スルハ當該吏員ノ專決ニ屬シ其處分ニ對スル訴願モ均シク當該吏員ノ裁決ニ任シ其裁決ニ不服アル者ハ行政裁判所ニ出訴スルコトヲ得セシム是專ラ懲戒權ノ執行ヲ嚴肅ナラシムル所以ナリ獨リ解職ノ處分ニ對シテハ大ニ保護ヲ加ヘサル可カラス(但隨時解職シ得可キ吏員ハ懲戒裁判ノ法ニ依ラス解職スルヲ得セシム)故ニ本制ハ解職ノ理由ヲ指定セルノミナラス(但行狀ヲ紊亂シ廉恥ヲ失フトハ公務上ニ止マラス私行ニ關スルコトモ含蓄スルモノナリ)郡參事會府縣參事會ナル集議体ノ裁決ニ任セリ(市制第百二十四條、町村制第百二十八條)

專務吏員及名譽職吏員トモ職務上大率子同一ノ權利義務ヲ有スト雖モ深ク其性質ニ就テ考フルトキハ互ニ相異ナル所アリ專務職ヲ辭スルハ吏員ノ隨意ニ在リト雖モ名譽職ハ公民ノ義務之レニ應セサルヲ得ス其擔已ニ當シタル職務ヲ繼續スルノ義務アルト否トニ付テモ亦此差別アリ(市制第八條、第五十五條第三項。町村制第八條、第五十七條)又市制第五十六條、第五十八條及町村制第五十八條。第六十二條ノ制限ノ如キハ專務吏員ニ非ザレハ負擔セシムルコトヲ得ス市制第五十九條町村制第六十三條ニ記載シタル吏員ハ其任用ノ時此等ノ關係ヲ約定スルヲ可トス有給職ニ任用スルハ其市町村ノ公民タル者ニ限ラサルハ徒ニ選擇ノ區域ヲ減縮セサランカ為メナリト雖モ高等ノ有給吏員ニハ其職ニ就クト同時ニ其市町村ノ公民權ヲ付與スルコト當然ナリ(市制第五十三條。第五十八條、町村第五十六條第二項)專務吏員ハ一身ノ全力ヲ擧ケテ市町村ノ為メニ盡ス可キヲ以テ相當ノ給料ヲ受クルハ元ヨリ至當ナリト雖モ名譽ノ為メニ就職スル公民ニハ給料ヲ給セス(市制町村制第七十五條)尤市町村ノ公務ノ為メニ要スル實費ハ之ヲ辨償セサルヲ得ス唯其名譽職ノ事務頗ル繁忙ニシテ本業ヲ妨ケラルヽトキハ多少ノ報酬ヲ與フルハ當然ナリ其額助ハ固ヨリ勤勞ニ相當セサル可カラス此規則ハ町村長(町村制第五十五條第二項ハ勿論町村役及名譽職市參事會員ニシテ市町村事務ヲ分任スル者(市制第六十八條第二項)町村制第五十五條第二項ノ為メニ之ヲ設ク其報酬額ハ市町村會之ヲ議定シ(市制町村制第七十五條)其額ニ關スル爭論ハ市制町村制第七十八條ニ依テ處分シ司法裁判ヲ求ムルヲ許サス

有給市町村吏員ノ財產上ノ要求ハ上ニ記載シタル理由アルニ依リ其職重ケレハ從テ其給料ニ關

シテ官廳ノ干渉ヲ要スルコト多シトス尤給料額ハ元來市町村ノ自ラ定ムル所ニ任シ條例ヲ設ケテ之ヲ一定シ又ハ選任ノ前ニ方テ議會ノ議決ヲ以テ之ヲ定ム可シ然レトモ監督官廳ハ斯ク市町村ノ定ムル給料ヲ以テ多キニ過キ又ハ不足アリト爲ストキハ認可ヲ拒ミ所屬ノ參事會ヲシテ之ヲ斷定セシムルノ權利アリ

有給市町村吏員ニハ退隱料ヲ給スルヲ當然トス然レトモ市町村吏員ニ對シテ官吏ノ恩給令ヲ適用スルコトヲ得ス是其地位ノ異ナルノミナラス市町村吏員ハ定期ヲ以テ選任セラレ任期滿限ノ後ハ再選若クハ再任ヲ受クルニ非レハ其職ニ在ラサルヲ以テナリ若シ其吏員任期滿限後再選若クハ再任セラレサルトキハ遽ニ糊口ノ道ヲ失フニ至ル可シ故ニ此結果ヲ防クニ非サレハ一方ニ在テハ有爲ノ人進テ市町村ノ職ニ就クコトヲ屑シトセサル可ク一方ニ在テハ再選ニ依テ生計ヲ求ムルカ如キ輩ヲシテ常ニ市町村會ノ鼻息ヲ窺ヒ以テ公益ヲ忘レシムルコトナシトセス加フルニ市町村ノ職務ハ昇等增給ノ途少キヲ以テ其退隱料ヲ給スルハ官吏ヨリ厚クスルヲ至當トス然レトモ目下一定ノ法律ヲ以テ之ヲ定メンヨリハ寧ロ市町村ハ條例ヲ以テ之ヲ設定セシムルノ便ナルニ若カサルナリ

有給ト無給トヲ論セス凡市町村吏員ノ職務上ノ收入ハ市町村ノ負擔タルコト疑ヲ容レスト雖モ之カ明文ヲ掲クルモ亦無用ニアラサル可シ（市制町村制第八十條）

市町村ト吏員トノ間ニ起ル給料及退隱料ノ爭論ハ司法裁判ニ付セス市制町村制第七十八條ニ依テ處分ス可キナリ其保護ハ此方法ヲ以テ足レリトス之ニ反シテ市長ト國庫トノ間ニ起ル給料及退隱料ノ爭論ハ一般ノ法律規則ニ據テ處分ス可シ

結局ニ至テ猶注意ス可キコトアリ抑退隱料ノ規則ヲ設クルトキハ市町村ノ負擔ヲ加重スルノ恐アリト雖モ他國ノ實驗ニ據レハ決シテ多額ノ負擔ヲ爲スモノニアラス市町村ニ於テハ多クハ適任ノ吏員ヲ再選シ吏員モ亦再選ヲ受ケサルトキハ必他ノ地位ヲ求メサル者アラサル可シ故ニ實際退隱料ヲ支出スルノ場合ハ甚少カル可キナリ又一方ヨリ論スルトキハ市町村ノ盛衰ハ有爲ノ人材ヲ得ルノ多少ニ關シ有爲ノ人材ヲ得ルト得サルトハ其生計ヲ安全ナラシムルト否トニ關スルモノニシテ市町村自治ノ權ヲ得ルニ於テハ退隱料負擔ノ如キハ之ヲ重シト謂フ可カラス況ヤ有給ノ町村長助役ヲ設ケサル町村ニ於テハ此負擔ヲ受クルノ場合少キニ於テヲヤ又況ヤ名譽職ヲ設クルニ於テハ行政ノ費用大ニ減少ス可キニ於テヲヤ蓋市町村ノ繁榮ハ斯ノ如キ法アリテ始メ

ヲ將來ニ期望ス可キナリ

市制町村制第四章

市町村有財産ノ管理

市町村ニ於テ自ラ其事業ヲ執行スルニ付テハ必之ニ要スル所ノ資金ナカル可カラス故ニ各市町村固有ノ經濟ヲ立テ以テ必要ノ費用ヲ支辨スルノ道ヲ設ク可シ即市町村ハ財産權ヲ有スルコト概ネ一個人ト同一ナリ然レトモ細ニ觀察スルトキハ其一個人又ハ私立組合ノ類ト相異ナルモノハ市町村ノ事業及支出ノ大半ハ法律規則ニ依テ定マリ市町村民ニ對シテ其義務トシテ負擔セシムルコトヲ得ルノ一點ニ在リ蓋市町村ノ經濟ハ之ヲ汎論スルトキハ一個人ト同一ノ權利ヲ有スルモノニシテ市町村ハ自ラ其經濟ヲ管理スルノ專權アリト謂フ可シ而シテ之ニ二樣ノ權限アリ第一市町村ノ資力ハ大ニ國家ノ消長ニ關係アルヲ以テ政府ハ須ク此點ニ注意セサル可カラス第二政府ハ市町村ノ經濟ヲ以テ國ノ財政ニ抵觸セサラシメ之カ爲メニ國ノ財源ヲ涸渇セサランヿヲ務メサル可カラス故ニ市町村ノ財政ヲ以テ立法ノ範圍ニ入レ立法權ヲ以テ市町村ノ財政ニ關スル法規ヲ設ケテ之ヲ恪遵セシム可キ而已ナラス其經濟上ノ處分苟モ國ノ利害ニ關渉スルモノハ皆政府ノ許可ヲ得セシメントス

以上ノ論點ニ關スル規定ハ市制第四章及第六章幷町村制第四章及第七章ニ載ス抑市町村ノ經濟ニ對シ政府ノ干渉スル所ノ程度ハ自治制度ヲ論スル者ノ視ル所ニ依テ各異ナル所アル可シト雖モ要スルニ市町村ノ行政ニ對シ官廳ノ監視ヲ重ンシテ之ヲ拘束スルニ過クルトキハ其弊ヤ遂ニ市町村ノ便宜ヲ妨ケ其自ラ進テ幸福ヲ求ムルノ道ヲ阻碍スルヲ免レサラントス然レトモ一方ヨリ見ルトキハ自ラ從來ノ慣行アリテ遽ニ之ヲ變シ難キモノアリ故ニ漸ヲ以テ市町村ノ自主ヲ擴張スルヲ是ナリトス此點ニ於テハ本制ハ最愼重ヲ加ヘ今日ノ情勢ニ照シテ適度ヲ得タリトスル所ヲ以テ制定セリ

市町村ノ法人タルハ已ニ法律ノ認ムル所ナレハ市町村ノ財産ヲ所有スルノ權利ヲ有ス可キコト固ヨリ疑ヲ容レス而シテ市町村財産ニ二種ノ別アリ(甲)市町村ノ費用ヲ支辨スルカ爲メニ消費スルモノアリ例ヘハ土地家屋等ノ貸渡料、營業ノ所得、市町村税及手數料等ノ如キ是ナリ又基本財産ト稱スルモノアリ基本財産ハ其入額ヲ使用スルニ止マリ其原物ヲ消耗セサルモノトス蓋此區別ヲ立ツルハ市町村ノ資力ヲ維持スルカ爲メニ極メテ緊要ナルモノニシテ國家ハ特ニ市町村ノ基本財産ヲ保護シテ其濫費ヲ防カサル可カラス且經常歳入ノ外ニ臨時ノ收入例ヘハ寄附金穀ノ如キハ成ル可ク經常歳費ニ充テシメサルヲ要ス唯寄附者ニ於テ寄附金支出ノ目的ヲ定メタルカ或ハ非常ノ水害若クハ凶荒等ノ爲メ經常ノ收入ヲ以テ其費途ニ充ツルニ足ラサルカ如キノ場合ハ固ヨリ別段ナリト雖モ是亦上司ノ許可ヲ受クルヲ要スト爲スハ其經濟上ノ處分ヲ重ンスル所以ナリ(市制第八十一條、第百二十三條第二、町村制第八十一條、第百二十七條第二(乙))凡市町村ノ財産ハ市町村一般ノ爲メニ使用スルコト固ヨリ言ヲ俟タス故ニ特ニ之ヲ法律ニ掲載スルヲ要セスト雖モ若シ住民中其財産ニ對シテ特別ノ權利ヲ有スル者アルトキハ自ラ其證明ヲ立ツルノ義務アリ即民法上其證明ヲ認ムルニ於テハ特別ノ權利ヲ有スルモノトシ其證明ナキモノハ即一般ノ使用權アルモノトス(市制町村制第八十二條)

市町村ノ所有ニ屬スル不動産ノ使用ヲ直接ニ住民ニ許スハ從來ノ實例少シトセス故ニ其舊慣アルモノハ特ニ之ヲ存シ今ヨリ後ハ概シテ新ニ使用ヲ許スヲ禁セリ(市制町村制第八十三條、第八十四條)又一方ニ於テハ使用權ニ相當スル納税義務ヲ定メ(市制町村制第八十五條且條例ニ依リ使用者ヨリ金圓ヲ徴收スルコトヲ許セリ(市制町村制第八十四條然レトモ其使用ヲ許シタル物件ハ元來市町村ノ所有物ニシテ使用ノ權利ハ市町村住民タル資格ニ隨伴スルモノナレハ市町村ハ固ヨリ使用權ヲ制限シ若クハ取上クルノ權利ナカル可カラス(市制町村制第八十六條)但其議決ハ上司ノ許可ヲ受クルヲ要スト爲スハ(市制第百二十三條第四、市町制第百二十七條第四)細民無産ノ徒ノ不利トナル可キモノヲ防カンカ爲メナリ之ヲ要スルニ以上ノ規定ハ市町村住民タル資格ニ附隨スル使用權ニノミ用フルモノニシテ民法上ノ使用權ニハ關係ナキモノトス蓋此使用權ハ民法ニ據テ論定ス可キモノニシテ其爭論モ亦司法裁判所ノ判決ニ屬ス可キモノトス而シテ前段ノ使用權ニ關スル爭論ハ市制町村制第百五條ニ依テ處分ス可キナリ

市町村財産ノ管理ハ市町村長及市參事會ノ擔任トス(町村制第六十八條、市制第六十四條)其管理上市町村會ノ議決ニ依ル可キハ町村制第三十三條、市制第三十一條及市制町村制第八十七條等ニ於テシ又上司ノ許可ヲ受ク可キ條件ハ載セテ市制第百二十三條、町村制第百二十七條等ニ在リ

市町村ハ其住民ヲシテ市町村ノ爲メニ義務ヲ盡サシムルノ權利ナカル可カラスシテ此權利ナキトキハ共同ノ目的ヲ達スルコト能ハサルハ上既ニ之ヲ論述セリ其義務ノ廣狹ハ市町村事業ノ範圍ニ從ハサル可カラス其事業ハ全國ノ公益ノ爲メニスルモノアリ或ハ一市町村局部ノ公益ヨリ生スルモノアリ其全國ノ公益ニ出ツルモノハ軍事、警察、教育等ノ類ニシテ是皆法ニ規定ス可キ

モノトス其局部ノ公益ヨリ生スルモノ即共同事務ハ各地方ノ情況ニ從テ異同アレハ茲ニ枚擧スルニ暇アラスト雖モ農業經濟、交通事務、衞生事務等ノ如キハ其最重要ナルモノトス之ヲ要スルニ一市町村ノ公益上ニ於テ必要ナル事項ハ悉ク共同事務ニ屬ス可キナリ本制ニ於テ設ケタル委任ノ國政事務ト固有ノ事務即共同事務トノ區別ハ專ラ市町村長ノ地位ノ兩岐ニ分ルヽ所ニシテ且市町ノ必要事務ト隨意事務トノ區制ヲ立ツルノ根據トナルモノナリ即此區別ハ官權ノ及フ可キ限界ヲ立ツルニ在リテ必要事務ハ監督官廳ニ於テ强制豫算ノ權利(市制第百十八條、町村第百二十二條)アルモノトス而シテ必要事務トハ委任ノ國政事務ハ勿論共同事務中市町村ノ需要ニ於テ欠ク可カラサルモノニ限リ必要事務ト謂フヲ得可シ市制町村制第八十八條ノ規定ハ實ニ此精神ニ出テタルモノニシテ市制第百十八條、町村制第百二十二條ニ云フ所ノモノモ亦同シ此ノ如キ規定アルトキハ共同行政上ノ事件ニ至ルマテ市町村ノ意向ヲ顧ミスシテ負擔ヲ受ケシムルコトヲ得從テ官ノ監督權ハ重キニ過クルノ恐アリト雖モ一方ヨリ考フルトキハ全ク檢束ヲ解キテ市町村ノ自由ニ任スルハ却テ將來ノ爲メ顧慮スル所アリ故ニ市町村ノ公益上已ムヲ得サルモノハ姑ク市町村會ノ意見ニ拘ラス監督官廳ノ命令ヲ以テ之ヲ決行スルノ權利ヲ存セサルヲ得ス但其處分ニ對シテハ上訴ヲ許シタルヲ以テ專制ノ弊ヲ免ルヽヲ得可シ其他必要ノ支出ハ本制市町村ノ組織ニ關スル條件中ニ含有セリ隨意事務ニ就テハ市町村ニ十分ノ自由ヲ與フト雖モ若シ過度ノ負擔ヲ爲スニ至テハ之ヲ制スルニハ市制第百二十三條第六、町村制第百二十七條第六ノ規定ヲ適用スルヲ得可シ市町村ニ於テ其費途ヲ支辨スルカ爲メニ左ノ歲入アリ

一　不動產、資金、營業(瓦斯局、水道等ノ類)ノ所得
二　市町村ノ金庫ニ收入スル過怠金、科料(市制第四十八條、第六十四條第二項第九、第九十一條、第百二十四條、町村制第五十條、第六十八條第二項第五、第九十一條、第百二十八條)
三　手數料、使用料
四　市稅町村稅

手數料トハ市町村吏員ノ職務上ニ於テ一箇人ノ爲メ特ニ手數ヲ要スルカ爲メ市町村ニ收入スルモノヲ謂ヒ使用料トハ一箇人ニ於テ市町村ノ營造物等ヲ使用スルカ爲メ其料金ヲ市町村ニ收入スルモノヲ謂フ例ヘハ手數料トハ張簿記入又ハ警察事務上ニ於テ特ニ調查ヲ爲ストキノ收入ヲ謂ヒ使用料トハ道路錢橋錢町ノ類ヲ謂フ手數料、使用料ノ額ハ法律勅令ニ定ムルモノヽ外市町

村會ノ議決ヲ以テ定ムヘキモノナリ（市制第三十一條第五、町村制第三十三條第五）尤市町村條例ヲ以テ一般ノ規定ヲ設ケ（市制町村制第九十一條）其地ノ慣行ニ依リ相當ノ手續ヲ以テ公告スヘキモノトス

且若シ手數料使用料ヲ新設シ又ハ舊來ノ額ヲ增加シ又ハ其徵收ノ法ヲ變更スルトキハ內務大藏兩大臣ノ許可ヲ受クルヲ要ス（市制第百二十二條第二、町村制第百二十六條第二）但徵收ノ法ヲ改ムルコトナクシテ唯其額ヲ減スルニ過キサルトキハ其許可ヲ受クルヲ要セス

手數料ヲ納ムルノ義務アルハ行政上ノ手數ヲ要スル者ニシテ使用料ヲ納ムルノ義務アルハ營造物等ヲ使用スル者トス之ヲ免除スルハ市制町村制第九十七條、第九十八條ノ場合ニ限ル可シ第九十六條ノ場合ハ町村ノ課稅ヲ免除スルニ止リテ手數料、使用料等ノ事ニ及ハサルナリ

市村稅ニ關シテハ本制ハ成ルヘク現行法ヲ存スルノ精神ナリ市村稅ヲ十分ニ改正セントスレハ先ツ國稅徵收法ヲ改正セサル可カラス故ニ本制ニ於テハ現行ノ原則ニ依リ多少ノ修補ヲ加ヘタルニ過キス現今町村費ノ賦課目即地價割戶別割營業割等ノ如キ皆國稅府縣稅ニ附加シテ徵收スル者ニ外ナラス又或ハ特別ノ町村稅アリ故ニ本制ニ定ムル所ノ課目ハ現行ノ課目ヲ存スルニ於テ妨ケナキモノナリ

附加稅トハ定率ヲ以テ國稅府縣稅ニ附加スルモノニシテ納稅ノ負擔ニ偏輕偏重ノ患ナカラシメンカ爲メニ其準率ヲ均一ニスルヲ例則トセリ（市制町村制第九十條）其賦課法ヲ定ムルハ市町村會ノ職權ニ屬ス故ニ市町村會ハ臨時ノ議決又ハ豫算議定ノ際ニ之ヲ議決スヘキナリ若シ此例則ノ外ニ於テ課法ヲ設ケント欲スルトキハ郡參事會（村制第百二十七條第七）若クハ府縣參事會（市制第百二十三條第七）ノ許可ヲ受クルヲ要ス

稅率ノ定限ハ豫メ之ヲ設ケスト雖モ獨リ地租及直接國稅ニ於テハ市制第百二十二條第三、町村制第百二十六條第三ニ定メタル制限ヲ越エントスルトキハ內務大藏兩大臣ノ許可ヲ受クルヲ要ス是國庫ノ財源ニ關係スル所アルヲ以テナリ就中地租ノ如キハ從前此定限ヲ超過スルヲ得ルハ非常特別ノ場合ニ限レリ而メ特別許可ノ道ヲ存セサルカ如キハ地方ニ依テハ却テ課稅ノ平均ヲ得サルノ弊アリ是本制現行ノ例ヲ移シテ多少ノ便法ヲ開キタル所以ナリ間接稅ハ槪メ市町村ノ附加稅ヲ課スルニ便ナラス故ニ市制第百二十二條第四及ヒ町村制第百二十六條第四ニ從ヒ準テ官ノ許可ヲ要ストセリ各種國稅府縣稅ノ內何レヲ直稅トシ又何レヲ間稅トス可キカハ往々疑點

ヲ生スルコトアリ此區別ニ就テハ今内務大藏兩省ノ省令ヲ以テ之ヲ定ムルコト、セリ（市制第百三十一條、町村制第百二十六條）附加税ノ特別税ニ優ル所以ノモノハ附加税ニ在テハ納税者既ニ國税又ハ府縣税ノ賦課ヲ受クルヲ以テ別ニ其收益等ノ調査ヲ爲スヲ要セサルニ在リ唯其町村税ハ免除セサルモ國税府縣税ノ賦課ヲ受ケサル者（一箇人又ハ法人）ニ限リ更ニ其調査ヲ要ス可キニ付キ此場合ニ於テハ町村長若クハ市參事會ニ於テ其國税府縣税徵收ノ規則ニ據リ其調査ヲ爲サヽル可カラス特別税ハ市制町村制第九十一條ニ從ヒ條例ヲ以テ之ヲ規定セサル可カラス此點ニ於テハ既ニ手數料ニ就テ說明シタル所ニ同シ但特別税ハ市町村必要ノ費用ヲ支辨スルニ附加税ヲ以テシ猶足ラサルトキニ限リ始メテ之ヲ徵收スルモノトス（市制町村制第九十條）市町村税ヲ納ムルノ義務ヲ負擔スル者ニ就テハ一個人ト法人トヲ區別セサル可カラス即チ左ノ如シ

甲　一個人

凡ソ納税義務ハ市町村ノ住民籍ニ原クモノトス（市制町村制第六條第二項）故ニ此義務ハ市町村内ニ住居ヲ定ムルト同時ニ起ルモノナリ故ニ一旦住居ヲ定メタル者ハ時々他ノ市町村ニ滯在スルコトアリト雖モ納税義務ヲ免ルヽコトニ非ス若シ之ニ反シテ住居ヲ定メスメ一時滯在スルニ止マルモノハ未タ此義務ヲ帶ヒス唯三ケ月以上滯在スルトキハ住居ヲ占ムルト同ク納税ノ義務ヲ生スルモノトス（市制町村制第九十二條）又假令ヒ市町村内ニ住居若クハ滯在セスト雖モ其市町村内ニ土地家屋ヲ所有シ又ハ店舗ヲ定メテ營業ヲ爲ス者ハ均ク其市町村ノ利益ヲ蒙ルニ據リ共ニ納税ノ義務アリトス但此義務ハ一般ノ負擔ニ渉ラスメ唯其土地家屋營業若クハ是ヨリ生スル所得ニ賦課ス可キ市町村税ニ限リテ負擔ノ義務アルモノトス（市制町村制第九十三條）住居ト滯在トハ常ニ必ス同一ニ歸セサルヲ以テ或ハ重複ノ課税ヲ受クルノ患ナシトセス此弊害ヲ防クカ爲ニハ則チ市制町村制第九十四條、第九十五條ノ規定アリ他國ニ於テ往々住居ヲ定ムル市町村ニ特權ヲ與フルノ例アリト雖モ本制ハ特ニ此例ニ傚ハス要スルニ此ノ如キハ皆施行規則中ニ適宜ノ便法ヲ定ム可キコトトス

市町村税ノ免除ヲ受クルハ市制町村制第九十六條、及第九十八條ニ揭載シタル人員ニ限レリ

乙　法人

法人ハ市制町村制第九十三條ニ從ヒ唯其所有ノ土地家屋若クハ之ニ依テ生スル所得ニ賦課スル市町村稅ニ限リ納稅スヘキモノトス抑法人トハ政府、府縣(郡モ亦郡制制定ノ上ハ法人ト爲スノ見込ナリ)市町村、公共組合(例ヘハ水利土功ノ組合、社寺宗教ノ組合ノ類)慈善協會、其他民法及商法ニ從ヒ法人タル權利ヲ有スヘキ私法上ノ結社ヲ謂フ其私法上ノ結社ハ市制町村制第九十七條ノ免稅ノ部ニ入レス又官設ノ鐵道電信ノ如キハ官ノ營業ニ屬スト雖モ是等ハ特ニ國家ノ公益ノ爲ニ免稅トス(市制町村制第九十三條)私設鐵道ニ至テハ各市町村ニ於テ其收益ヲ調査スル頗ル難キヲ以テ施行規則中ニ於テ詳ニ之ヲ規定スルヲ要ス

凡ソ納稅義務者ニ課稅スルハ總テ平等ナル可キナリ唯市制町村制第八十五條ハ此例外トシテ使用ノ土地物件ニ係ル費用ヲ其使用者ニ課セリ又一市町村ノ數部若クハ數區ニ分レタルトキ其一部一區ノ專用ニ屬スル營造物ノ費用ハ其一部一區ノ負擔トセリ(市制町村制第九十九條第二項)尤其一部一區ニ特別ノ財產アルトキハ先ツ其收入ヲ以テ其費用ニ充テ猶足ラサル時特別ニ其一部一區ノ人民ニ課稅シ又ハ一般全市町村稅中ニ區別ヲ立テ其準率ヲ高クス可シ之ニ反シテ第九十九條第一項ノ場合ニ於テ數個人ノ專用ニ屬スル營造物ノ費用ハ必其數個人ノ負擔トシ之ヲ他人ニ賦課スルコトヲ得サルモノトス但市町村稅ハ總テ納稅ノ義務者ト平等ニ賦課スルヲ以テ例則ト爲スカ故ニ若シ此例則ニ違ハントスルトキハ官ノ許可ヲ受クルヲ要ス(市制第百二十三條第八、町村制第百二十七條第八)

各納稅者ノ稅額ヲ査定スルハ法律規則ニ依リ市制町村制第百條ノ規定ニ從ヒ町村長(町村制第六十八條第八)及市參事會(市制第六十四條第八)ノ擔任トス大ナル町村及市ニ於テハ之カ爲メ專務ノ委員ヲ設クルヲ便宜トス

社會經濟法ノ稍進步シタル今日ニ在テハ舊時ノ夫役現品ニ代ヘテ金納法ヲ行フニ至レリ然レトモ町村費ノ課出ニ於テハ夫役現品ノ法ヲ存スルハ特ニ必要ナルノミナラス往々便利ナルモノアリ且古來ノ慣行今日ニ傳フル者其例少カラス夫役賦課ハ專ラ道路、河溝、堤防ノ修築、防火水又ハ學校、病院ノ修繕等ノ爲メニ行フモノナリ殊ニ村落ニ在テハ農隙ノ時ヲ以テ夫役ヲ課スルトキハ租稅ノ負荷ヲ輕減センカ爲メニ大ニ便益トスル所アリ農民ノ如キハ季節ニ依リ夫役ニ應スルヲ得ルノ間隙アルコト市民ト其趣ヲ異ニス且地方道路ノ開通ヲ要スルモノ將來必少カラサルヲ以テ夫役賦課ノ法ヲ存スルトキハ幾許カ市町村ノ負擔ヲ輕減スルノ效アルコト必セリ

依テ市制町村制第百一條ニ於テ市町村ニ許スニ夫役賦課ノ法ヲ以テセリ但此點ニ於テハ今日ノ經濟ニ適應セシメンカ爲メ本制ハ本人自ラ其役ニ從事スルト適當ノ代理者ヲ出シ又ハ金額ヲ納ムルトヲ以テ義務者ノ選擇ニ任セリ其金額ニ算出スルハ其地ノ日雇賃ニ準シ日數ヲ以テ等差ヲ立ツルヲ通例トス唯火災水害等ノ如キ急迫ノ場合ニ於テハ金納ヲ禁スルコトヲ得可シト雖モ代人ヲ出スハ本人ノ隨意ニ在ルモノトス

夫役ハ總テ市町村稅ヲ納ム可キ者ニ賦課シ其多寡ハ直接市町村稅ノ納額ニ準スルモノトス若シ此準率ニ依ラサルトキハ郡參事會(町村制第百二十七條第九)及府縣參事會(市制第百二十二條第九)ノ許可ヲ受クルヿヲ要ス此場合ノ外ハ總テ市町村限リ許可ヲ受ケスシテ之ヲ賦課スルヿヲ得可シ

一般ニ夫役ヲ賦課スルト賦課セサルト及夫役ノ種類幷範圍ヲ定ムルハ市町村會ノ職權(市制第三十一條五、町村制第三十三條第五)ニ屬シ之ヲ各個人ニ割賦スルヿハ町村長(町村制第六十八第八及市參事會(市制第六十四條第八)ノ擔任トス

以上市町村ノ收入ハ皆公法上ノ收入ニ屬スルモノニシテ其徵收ハ市制町村制第百二條ヨリ第百五條ニ準據ス可キモノトス而シテ其賦課徵收上ノ不服ハ司法裁判所ニ提出スルヲ許サス郡參事會府縣參事會ノ裁決ヲ經テ結局ノ裁決ハ行政裁判所ニ屬ス此公法上ノ收入ハ私法上ノ收入ト相混同ス可カラス例ヘハ市町村有ノ地所ヲ一個人ニ貸渡シタルトキ其借地料ハ民法及訴訟法ニ準據シテ徵收ス可キナリ

將來市町村ノ事業漸ク發達スルニ從ヒ經常ノ歲入ヲ以テ支辨スルヿ能ハサル所ノ大事業ノ起ル可キハ勢ノ免レサル所ナリ然レトモ豫メ其費用ニ備ヘンカ爲メ資本ヲ蓄積セントスルヿモ亦極メテ難カル可シ故ニ經常歲入ヲ以テ支ヘ能ハサル所ノ需要ニ應セント欲レハ市町村ヲシテ豫メ將來ノ歲入ヲ使用スルヿヲ得セシムルノ道ヲ開クノ外ナカル可シ即公債募集ノ方法是ナリ抑公債募集ノ利益ハ收入時期ノ未タ到來セサルニ先テ豫メ歲入ヲ使用シテ以テ市村住民ノ爲メニ大事業ヲ起シ其濟經及納稅力ヲ奬誘シ且以テ納稅者ノ負擔ヲ輕減スルニ在ルナリ公債ノ事タル利益ノ在ル所斯ノ如シト雖モ之ニ伴フ所ノ弊害モ亦自ラ免レサルモノアリ若シ市町村ニ於テ此方法ニ依リ豫メ將來ノ歲入ヲ使用スルトキハ則其元利償却ニ充ツル所ノ金額ハ將來ノ歲入中ヨリ減却スルモノナレハ負債額ノ多寡ト償還期限ノ長短トニ從ヒ市長村ノ財政ニ影響スル所少カラス

又市町村會ニ於テハ資本ノ得易キカ爲メニ輕忽ニ其市町村ノ實力ニ相當セサル事業ヲ起スノ傾向ヲ爲シ又ハ今日ニ負擔ス可キノ義務ヲ漫リニ後年ニ傳ヘントスルノ弊害ナキ能ハス是最モ行政官ノ注意ス可キ所ニシテ市制第百六條、第百二十二條第一及町村制第百六條、第百二十六條第一ノ規定アルハ以上ノ論旨ニ起因スルモノトス

本制ハ公債募集ノ事項ヲ逐一列擧セス唯已ムヲ得サルノ必要若クハ永久ノ利益ト云フヲ以テ之レカ制限ヲ立テタリ若シ此制限ニ適合スルノ證明ナキモノハ許可ヲ與フ可カラス若シ又償還期限三年以内ニシテ許可ヲ要セサルモノハ町村制第六十八條第一及市制第六十四條第一ニ依テ相當ノ處分ヲ爲ス可キナリ其必要已ムヲ得サルノ支出トハ舊債ヲ償還シ又ハ傳染病流行若クハ水害等不虞ノ災厄ニ遭遇メ一時ノ窮ヲ救ハントスルトキ又ハ學校ヲ開設シ道路ヲ修築スル等法律上ノ義務ヲ盡サントスルカ如キ場合ヲ謂ヒ永久ノ利益トナル可キ支出トハ市町村ノ力ニ堪フ可キ事業ヲ起シ以テ市町村有財產ノ生產力若クハ住民ノ經濟力ヲ增進シ假令一時ノ負擔ヲ增スモ永遠ノ利益ヲ生ス可キ場合ヲ謂フナリ尤何レノ場合ニ於テモ一時ノ歲入ヲ以テ支辦シ能ハサル時ニ限ルモノトス但年々要スル所ノ常費ハ必經常ノ歲入ヲ以テ支辦ス可キモノニメ公債ヲ募ルヲ得ス公債募集ニ當テハ深ク注意ヲ加ヘ成ル可ク住民ノ負擔ヲ輕クシ利息ハ時ノ相場ニ準シ隨時償還ノ約ヲ立テ、市町村ニ便利ヲ與ヘサル可カラス到底償還方法ノ確定スルニ非サレハ募集ヲ許サス又公債ハ成ル可ク市町村ノ財政ニ適準シ償還期限ハ長キニ過ク可カラス故ニ本制ニ於テハ償還ハ三年以内ニ始マルモノトシ年々ノ償還步合ヲ定メ且募集ノ時ヨリ三十年以内ニ還了スルヲ以テ例規ト爲セリ若シ此例規ニ違ハントスルトキハ必官ノ許可ヲ要ス(市制第百二十二條第一、町村制第百二十六條第一)元來許可ヲ要セサル公債ノ種類ト雖モ右ノ例規ニ違フトキハ亦官ノ許可ヲ請フ可シ

公債ヲ起スト起サヽルト及其方法ノ如何ハ市町村會ノ議決ニ屬ス(市制第三十一條第八、町村制第三十三條第八)唯定額豫算內ノ支出ヲ爲スカ爲メニメ一會計年度內ニ償還ス可キ公債ハ市ニ於テハ市會ノ議決ヲ要セス市參事會ノ意見ヲ以テ募集スルヲ得ト雖モ(市制第百六條、第三項)町村ニ於テハ町村會ノ同意ヲ要スルコト勿論ナリ若斯ノ如キ公債ハ收入支出ノ多キ市ノ如キニ在テハ自然已ムヲ得サルモノニシテ其支出ノ時期ト收入期限ト常ニ相合一セサルカ故ナリ

凡公債ヲ募集スルニ付キ許可ヲ受ク可キハ右ニ陳述シタル場合及曾テ負債ナキニ新ニ公債ヲ起

シ又ハ舊債ヲ增額スルトキニ在リ故ニ前記ノ如キ一時ノ借入金ヲ爲シ又ハ舊債償還ノ爲メニスル公債ニシテ其規約舊債ヨリ負擔ヲ輕クスルトキノ如キハ渾テ許可ヲ要セス其他ハ償還期限三年以內ノモノヲ除クノ外內務大藏兩大臣ノ許可ヲ受クヘシ

既ニ募集シタル公債ヲ豫定ノ目的外ニ使用セントスルトキハ市町村會ノ議決ヲ要シ且若シ其公債ニシテ官許ヲ要スルトキハ許可ヲ受ク可キコト言ヲ俟タス

市町村ノ財政ハ政府ノ財政ニ於ケルト均ク三個ノ要件アリ即チ

甲　定額豫算表ヲ調製スル事

乙　收支ヲ爲ス事

丙　決算報告ヲ爲ス事

以上ノ三要件ニ付法律中ニ細目ヲ設ク可キ必要アルモノハ本制第四章第二欵ニ於テ之ヲ規定セリ

甲

財政ヲ整理シ收支ノ平衡ヲ保ツニハ定額豫算表ヲ設ケサル可カラス本制ニ（市制町村制第百七條）市町村ヲシテ豫算表調製ノ義務ヲ負ハシム故ニ若シ市町村ニ於テ此義務ヲ盡サヽルトキハ法律上ノ權力ヲ以テ之ヲ強制スルヲ得可ク若シ之ヲ議決セサルトキハ府縣參事會郡參事會ノ議決ヲ以テ之ヲ補フコトヲ得可シ（市制第百十九條、町村制第百二十三條）此義務ハ決シテ免ル可カラサルモノナレハ狹小ノ町村ト雖モ猶之ヲ負擔セサルヲ得ス其豫算表ハ一年ノ見積ヲ以テ之ヲ設ケ其會計年度ハ政府ノ會計年度ニ同クセリ其他本制ハ豫算表調製ノ細目ヲ定メス要スルニ一切ノ收支及收入不足ノ場合ニ方リ支辨方法ヲ定ムルヲ以テ足レリトス但財政整理上ニ於テ其市町村ノ資力ヲ酌量ス可キ必要ノ細目ハ省令ヲ以テ之ヲ定ムルコトアル可シ

定額豫算ノ案ヲ調製スルコトハ町村長及市參事會ノ擔任ニシテ之ヲ議決スルハ市町村會ノ職權ニ屬ス收支ヲ許可スルコトハ市町村會ノ全權ニ任セスシテ法制上ノ檢束ヲ設クルモノアリ即當然支出ス可キモノヲ否決シタルトキハ監督官廳ニ於テ強制豫算ヲ命スルノ權（市制第百十八條、町村制第百二十二條）アリ又其議決ノ越權ニ涉リ又ハ公益ヲ害スルモノハ其議決ヲ停止スルノ權（市制第六十四條第一、町村制第六十八條第一）アリ事項ニ依リテハ官ノ許可ヲ要スルカ故ニ（市制第百二十二條、第百二十三條第五第六、町村制第百二十六條、第百二十七條第五第六）市町村住民ノ爲メニ過度ノ負擔ヲ制止スルノ方法ハ十分備ハレリト謂フ可シ故ニ豫算表ハ市町村

會ノ議決スル所ニ依リ其全体ニ於テ許可ヲ受クルヲ要セス唯右ニ記載シタル場合ニ限リテ許可ヲ受クルヲ要スルノミ

凡定額豫算表ハ二樣ノ效力アリ即一方ニ於テハ理事者ヲシテ豫定ノ收支ヲ爲スノ權利ヲ得セシメ一方ニ於テハ踰越ス可カラサルノ制限ヲ負ハシムルモノナリ殊ニ豫算外ノ支出豫算超過ノ支出若クハ費目ノ流用ヲ爲スニ當テハ更ニ市町村會ノ議決ヲ經可キモノトス此場合ニ於テ市町村會ハ當初豫算ヲ議定スルト同一ノ規定ニ從テ之ヲ議決ス可キナリ其追加豫算若クハ豫算ノ變更ヲ議決スルニ當リ其事項タル官ノ許可ヲ要スル件ハ均ク其許可ヲ受ク可キコトス豫備費ヲ設ク可キト否ト及其額ノ如何ハ市町村會ノ議定ニ在リト雖モ已ニ之ヲ設ケタルトキハ市制町村制第百九條ノ制限ヲ除クノ外町村長及市參事會ノ之ヲ使用スルニ任ス但其決算報告ヲ爲ス可キハ固ヨリナリトス

乙

市町村收支ノ事務ハ之ヲ官吏ニ委任セスシテ之ヲ市町村ノ吏員即收入役ヲ置テ之ニ委任ス是多ク各國ニ行ハルヽ所ノ實例ニシテ其吏員ハ市町村ニ於テ之ヲ選任シ有給吏員ト爲セリ要スルニ本於ノ旨趣ハ收支命令者ト實地ノ出納者トヲ分離獨立セシメント欲スルニ在リ故ニ收入役ノ事務ヲ町村長ニ委任スルハ本制ノ敢テ希望スル所ニ非スシテ此ノ如キ場合ハ極メテ罕ナル可シ若シ町村ノ情況ニ依リ別ニ有給ノ收役ヲ置クヲ要セサルトキハ寧ロ之ヲ助役ニ委任スルヲ可トス又比隣ノ小町村ハ町村制第百十六條ニ從ヒ共同シテ收入役一名ヲ置クモ亦便宜ニ任ス

收支命令權ハ町村長若クハ市參事會及監督官廳ニ屬ス收支命令ハ書面ヲ以テセサル可カラス收支命令ヲ受ケスシテ爲シタル支拂ハ市町村ニ於テ之ヲ認定スルヲ要セス抑收支命令ト實地ノ出納トヲ分離スルハ支拂前ニ於テ其豫算ニ違フ所ナキヤヲ監査スルニ便ナルカ爲メナリ元來決算報告ヲ爲スハ即此目的ニ外ナラスト雖モ既ニ支拂後ニ係ルヲ以テ其監査ハ往々時機ニ後ルヽノ憾アリ故ニ本制ハ（市制町村制第百十條）收入役ニ負ハシムルニ其命令ノ正否ヲ査スルノ義務ヲ以テシ其命令若シ定額豫算又ハ追加豫算若クハ豫算變更ノ決議ニ適合セス又豫備費ヨリ支拂フ可キトキ該費目ノ支出ニ關スル規定ヲ遵守セサルニ於テハ之ヲ支出スルヲ得サルモノトス此義務ハ收入役ノ賠償責任ト懲戒處分ノ制裁ヲ以テ十分ニ之ヲ盡サシムルヲ得可シ

若シ町村長ニ收入役ノ事務ヲ擔任セシムルトキハ收支命令ト支拂トノ別ハ自ヲ消滅シ隨テ上ニ

記載シタル監査ノ法モ亦之レナキニ至ル可シ

收入役ヲシテ右ノ義務ヲ行ヒ易カラシメン爲メ定額豫算表ハ勿論追加豫算若クハ豫算變更ノ議決ハ必之ヲ收入役ニ通報セサル可カラス其豫算表及臨時ノ議決ハ併セテ簿記ノ標準ト爲ルモノナリ本制ハ簿記ノ事ニ就テハ規定ヲ立ツルヿトナシト雖モ簿記及一般出納事務ニ就テハ追テ訓令ヲ以テ原則ヲ示スヿトアル可シ又本制ハ出納ヲ檢査スルヲ以テ市町村ノ義務ト爲セリ(市制町村制第百十一條)若シ理事者ニ於テ此義務ヲ行ハス又ハ檢査ヲ行フテ盡サヽル所アルカ爲メ市町村ニ損害ヲ醸シタルトキハ市町村ニ對シテ賠償義務ヲ負ハシム可キナリ此賠償義務ノ外懲戒ヲ加ヘ得可キヤハ言ヲ俟タス

丙

決算報告ノ目的ハ二アリ左ノ如シ

一計算ノ當否及計算ト收支命令ト適合スルヤ否ヲ審査スル事(會計審査)

二出納ト定額豫算表又ハ追加豫算若クハ豫算變更ノ議決又ハ法律命令ト適合スルヤ否ヲ査定スル事(行政審査)

會計審査ハ會計主任者(即收入役又ハ收入役ノ事務ヲ擔任スル助役若クハ町村長)ニ對シ行フモノニシテ行政審査ハ市町村　理事者即町村長若クハ市參事會ニ對シテ行フモノナリ其會計審査ハ先ツ町村長(但町村長ニ於テ會計ヲ兼掌スルトキハ此限ニ在ラス)及市參事會ニ於テ之ヲ行ヒ次ヲ市町村會ニ於テ右二樣ノ目的ヲ以テ會計ヲ審査ス(市制町村制第百十二條)是故ニ收支命令者(町村長、助役、市參事會員)ニシテ市町村會ノ議員ヲ兼ヌルトキハ其議決ニ加ハルコトヲ得ス(市制第四十三條、町村制第四十五條)若シ又議長タルトキハ其議事中議長席ニ居ルコトヲ得サルモノトス(市制第百十二條、町村制第百十三條)是利害ノ互ニ抵觸スルヲ以テナリ

決算報告ノ時會計ニ不足アルトキハ市制第百二十五條若クハ町村制第百二十九條ヲ適用ス可シ

市制町村制第五章　市町村内特別ノ財産ヲ有スル市區又ハ各部ノ行政

行政ノ便利ノ爲メニ齎シタル區ト一市町村内ニ於テ獨立ノ法人タル權利ヲ有スル各部トノ區別アルハ固ヨリ言ヲ俟タス本制ハ一市町村ノ統一ヲ尚フモノニシテ一市町村内ニ獨立スル小組織ヲ存續シ又ハ造成スルコトヲ欲スルニアラス然レトモ強テ此原則ヲ斷行セントスルトキハ一地方ニ於テ正當ニ享有スル利益ヲ傷害スルノ恐レアリ故ニ概シテ此旨趣ニ依テ論ス可カラサルモ

ノアリ大市町村ニ於テハ現今既ニ特別ノ財産ヲ有スル部落アリ現今ノ小町村ヲ合併スルトキハ更ニ又此ノ如キ部落ヲ現出ス可シ其部落ハ即獨立ノ權利ヲ存スルモノト謂フ可シ又他ノ一方ヨリ論スルトキハ市制町村制第九十九條ノ原則ニ依リ其部落ハ義務ヲ負擔スルコトアリト雖モ之レカ為メ直ニ別段ノ組織ヲ要スルコナカル可シ其特別財産又ハ營造物ノ管理ハ之ヲ其全市町村ノ理事者タル町村長又ハ市參事會ニ委任スルモ妨ケナシ（市制第百十四條、町村制第百十五條）若シ區長ヲ置クトキハ町村長又ハ市參事會ニ於テ區長ニ指揮シテ其管理ノ事務ヲ取扱ハシムルコトヲ得可シ尤其一部ノ權利ヲ傷害ス可カラサルハ言ヲ俟タス本制ニ於テ其一部ノ出納及會計ノ事務ヲ分別ス可キモノトスルハ即是カ為メナリ議會ノ職掌ヲ論スレハ（市制自第三十條至第三十五條、町村制自第三十二條至第三十七條）特別事務ト雖モ總テ之ヲ市町村會ニ委任スルモ妨ケナキノミナラス却テ希望ス可キ所ナリ然レトモ地方ニ依リテハ全市町村ト其各部落トノ利害ハ互ニ相抵觸スルコト往々之レアリ其甚キニ至テハ多數ノ為メニ壓抑ヲ蒙ムルコトアリ依テ其一部限リノ選擧ヲ以テ特別ノ議會ヲ起シ以テ其議事ヲ委任スルコトヲ得可シ其之ヲ起スノ利害ニ就テハ一般ノ原則ヲ設ケ難キカ故ニ姑ク條例ノ規定ニ任セサル可カラス但此條例ハ固ヨリ普通ノ規定ニ依ル可クシテ特別ノモノニ非スト雖モ其之ヲ設ケ並其事項ヲ定ムルハ市町村會ノ議決ニ任セスシテ之ヲ郡若クハ府縣參事會ニ委任セリ何トナレハ利害ノ相抵觸スルカ為メ偏頗ノ處置アランコトヲ恐ルレハナリ唯市町村會ノ意見ヲ徴ス可キハ勿論ナリ要スルニ區會ハ市町村會又ハ區内人民ノ情願ニ依リ之ヲ設クルヲ當然トス

區會ノ構成ハ本制ニ規定シタル市町村會ノ組織ニ依準シ條例中之ヲ定ム可キモノトス區會ノ職掌ハ市町村會ノ職掌ニ同シ唯其特別事件ニ限ルノミ

町村制第六章　町村組合

本制ノ希望スル如ク有力ノ町村ヲ造成シ又郡ヲ以テ自治体ト為ストキハ其他別ニ區畫ヲ設クルノ必要ナカル可キナリ殊ニ一事件アル毎ニ特別ノ聯合ヲ設クルヲ要セサル可シ若シ漫ニ聯合ヲ設クルトキハ行政事務簡明ナラス其組織錯綜ヲ極メ費用モ亦隨テ増加スルヲ免レサルハ英國ノ實例ヲ以テ證スルニ足ル可シ獨リ水利土功ノ聯合又ハ小町村ニ於テ學校ノ聯合ヲ設クルカ如キハ萬已ムヲ得サルモノニシテ皆別法ヲ以テ規定セサル可カラス然レトモ其別法ノ發布セサル間ハ本制ニ於テ豫メ之カ方法ヲ設ケサル可カラス又此必要アルノ外往々町村組合ヲ設クルノ活

路ヲ示ス可キモノアリ即本制ニ於テハ關係町村ノ協議ヲ以テ其組合ヲ爲スノ目的組合會議ノ組織事務管理ノ方法及費用ノ支辨方法等ヲ定ムルトキハ(町村制第百十六條第一項、第百十七條第一項)監督官廳即郡長ノ許可ヲ得テ組合ヲ成スコトヲ許セリ町村ニ於テ相當ノ資力ヲ有セサルトキ組合ヲ爲サシムルヲ必要ト爲スカ如キ是ナリ此ノ如キ場合アルトキハ町村制第四條ニ於テ合併ス可キコトヲ規定スト雖モ事情ニ依リテハ合併ヲ施ス可カラス又ハ之ヲ不便ト爲スコトナシトセス例ヘハ該町村ノ互ニ相遠隔スルカ如キ又ハ古來ノ慣習ニ於テ調和ヲ得サルカ如キノ類アリ此ノ如キニ至テハ其町村ノ異議アルニモ拘ラス事務共同ノ爲メ組合ヲ成サシムルノ權力ナカル可カラス其組合ヲ成ストキハ第四條ノ場合ニ異ニシテ其各町村ノ獨立ヲ存シ又別ニ町村長及町村會若シクハ町村總會ヲ有ス可キ理ナリ然レトモ其組合ヲ成ス所ノ共同事務ノ多寡及種類ハ其組合ニ依テ互ニ異ナルモノトス

抑協議ニ依ラスシテ組合ヲ設クルハ町村ノ獨立權ヲ傷クルノ恐レアルニ依リ郡參事會ノ議決ニ任スルヲ妥當ナリトス(町村制第百十六條第二項)果シテ其共同事務ノ區域ヲ定メ強制ヲ以テ組合ヲ成サシメタルトキハ議會ノ組織、事務管理ノ方法、費用支辨ノ方法ノ就中分擔ノ方法ニ至テハ先ツ關係町村ニ於テ之ヲ協議スルヲ要ス若シ其協議調ハサルニ及テハ郡參事會ニ於テ之ヲ議決スルノ外ナシ

組合議會ノ組織、事務管理ノ方法、費用支辨ノ方法殊ニ分擔ノ割合ハ本制ニ於テ豫メ之ヲ規定セス實際ノ場合ニ於テ便宜其方法ヲ制ス可シ故ニ組合ハ特別ノ議會ヲ設ケ或ハ各町村會ヲ合シテ會議ヲ開キ或ハ互選ノ委員ヲ以テ議會ヲ組織シ或ハ各町村會別個ニ會議ヲ爲シ其各會議ノ一致ヲ以テ全組合ノ議決ト爲スノ類各其宜キニ從フヘシ又町村長ノ如キモ組合ニ一ノ町村長ヲ置キ且之ヲ永久獨立トシ或ハ各町村長ノ交番ト爲スヲ得可シ又組合ノ費用ハ或ハ特別ノ組合費トシテ之ヲ各個人ニ賦課シ或ハ之ヲ各町村ニ賦課シ以テ其賦課徴收ノ法ヲ各町村ノ便宜ニ任スルヲ得可シ各町村分擔ノ割合ハ利害ノ輕重、土地ノ廣狹、人口ノ多寡及納税力ノ厚薄ヲ以テ標準ト爲ス可シ但其納税力ノ詮定方ニ至テモ亦之ヲ一定スルコト能ハサル可シ以上ノ各事項ニ關シ本制ハ全ク實地宜キニ從フヲ許セリ故ニ各地方ニ於テ其便ト爲ス所ヲ採擇ス可シ

組合町村ハ之ヲ解クノ議決ヲ爲スヲ得ルト雖モ郡長ノ許可ヲ得ルヲ要ス(町村制第百十八條)

市制第六章町村制第七章　市町村行政ノ監督

監督ノ目的及方法ハ本說明中各處ニ之ヲ論セリ故ニ復タ之ヲ贅セス唯玆ニ其要點ヲ概括セントス

第一)監督ノ目的ハ左ノ如シ

一法律、有效ノ命令及官廳ヨリ其權限內ニテ爲シタル處分ヲ遵守スルヤ否ヲ監視スル事
二事務ノ錯亂澁滯セサルヤ否ヲ監視シ時宜ニ依テハ强制ヲ施ス事(市制第百十七條、町村制第百二十一條)
三公益ノ妨害ヲ防キ殊ニ市町村ノ資力ヲ保持スル事

以上ノ目的ヲ達スルカ爲メニハ左ノ方法アリ

一市町村ノ重役ヲ認可シ又ハ臨時町村長助役ヲ選任スル事(市制第五十條、第五十一條、第五十二條、町村制第五十九條、第六十條、第六十二條)
二議決ヲ許可スル事(市制第百二十一條、第百二十三條、町村制第百二十六條、第百二十七條)
三行政事務ノ報告ヲ爲サシメ書類帳簿ヲ查閲シ事務ノ現況ヲ視察シ並出納ヲ檢閲スル事(市制第百十七條、町村制第百二十一條)
四强制豫算ヲ命スル事(市制第百十八條、町村制第百二十二條)
五上班ノ參事會ニ於テ代テ議決ヲ爲ス事(市制第百十九條、町村制第百二十三條)
六市町村會及市參事會ノ議決ヲ停止スル事(市制第六十四條、第一、第六十五條、町村制第六十八條、第一)
七懲戒處分ヲ行フ事(市制第百二十四條、第百二十五條、町村制第百二十八條、第百二十九條)
八市町村會ヲ解散スル事(市制第百二十條、町村制第百二十四條)

(第二)監督官廳ハ左ノ如シ

町村ニ對シテハ
一 郡長　二 知事　三 內務大臣
市ニ對シテハ
一 知事　二 內務大臣

法律ニ明文アル場合ニ於テハ郡長若クハ知事ハ郡參事會若クハ府縣參事會ノ同意ヲ求ムルヲ要ス但參事會ヲ開設スルマテハ郡長知事ノ專決ニ任ス(市制第百二十七條、町村制第百三十條)

市町村吏員ノ處分若クハ議決ニ對スル訴願ニ就テハ先ツ市町村ノ事務ト市制第七十四條、町村制第六十九條ニ記載シタル事務トノ間ニ區別ヲ立テサル可カラス市制第七十四條、町村制第六十九條ニ記載シタル事務ニ關シテ訴願ヲ許スト否トハ一般ノ法律規則ニ從フモノトス之ニ反シテ市町村ノ事務ニ關シテハ此法律ニ明文アル場合ニ限レリ(市制第八條第四項、第二十九條、第三十五條、第六十四條第一、第七十八條、第百五條、第百二十四條、町村制第八條第四條、第二十九條、第三十七條第六十八條第一、第七十八條、第百五條、第百二十八條)

本制ハ訴願ノ必要ナル場合ヲ列載シ悉シタルモノトス又監督官廳ハ自己ノ發意ニ依リ其職權ヲ以テ監督權ヲ行フヲ得ルノミナラス人ノ告知ニ依テ亦之ヲ行フコトヲ得可シ而シテ其告知ハ本制ニ所謂訴願ノ種類ニアラサレハ期限ヲ定メス又前キノ處分若クハ議決ノ執行ヲ停止スルコトヲ得サルナリ(市制第百十六條第二項、第五項、町村制第百二十條第二項、第五項)

市町村ノ行政事務ニ關シ郡長若クハ府縣知事ノ第一次又ハ第二次ニ於テ爲シタル處分若クハ裁決ニ對シテハ其參事會ノ同意ヲ得ルト否トニ拘ラス一般ニ訴願ヲ爲スヲ許セリ特ニ法律ニ明文アル場合ニ限リテ之ヲ許サヽルモノトス(市制第百十六條第一項、町村制第百二十條第一項)若シ其處分又ハ裁決郡長ヨリ發シタルモノナルトキハ之ニ對スル訴願ハ知事之ヲ裁決シ郡參事會ヨリ發シタルモノナルトキハ府縣參事會之ヲ裁決ス知事及府縣參事會ノ裁決ニ不服アル者ハ其ニ內務大臣ニ訴願スルモノトス而シテ權利ノ消長ニ關スル結局ノ裁決ハ之ヲ行政裁判所ニ委任スルヲ妥當ト爲スハ上來屢々之ヲ説明セリ但權利ノ爭論ハ一般ニ行政訴訟ヲ許スニアラスシテ之ヲ許ス可キノ必要アル場合ニ限リ特ニ之レカ明文ヲ掲ク故ニ其明文ナキ場合ニ於テハ結局ノ裁決ハ常ニ內務大臣ニ屬スルモノトス而シテ行政訴訟ヲ許シタル場合ニ於テハ內務大臣ニ訴願スルヲ許サス最上官衙ノ裁決ヲ以テ法司ノ審判ニ付スルヲ欲セサルカ故ナリ但本制ニ於テ行政裁判所ノ權限ヲ規定シタルハ市町村ノ行政事務ニ關スル事ニ止マリ其他ノ事務ニ渉ル權限ハ他日別法ヲ以テ定ム可キコトヽス又目下行政裁判所ノ設ケナキヲ以テ之ヲ開設スルマテノ間ハ內閣ニ於テ其職務ヲ擔任ス可キコト止ムヲ得サルナリ
(市制第百二十七條、町村制第百三十條)

以上記述スル所ノ要旨ハ則左ノ如シ

(第一)市町村ノ行政事務ニ屬セサル事件ニ對スル訴願及其順序ハ一般ノ法律規則ニ從フ者トス

（第二）市町村ノ行政事務ニ關スト雖モ市町村吏員ノ處分若クハ裁決ニ對シテハ本制ニ明文ヲ掲ケタル場合ニ限リ訴願ヲ許シ之ニ反シテ監督官廳又ハ郡府縣參事會ノ處分若クハ裁決ニ對シテハ一般ニ訴願ヲ許ス其訴願ノ順序ハ左圖ノ如シ

町村

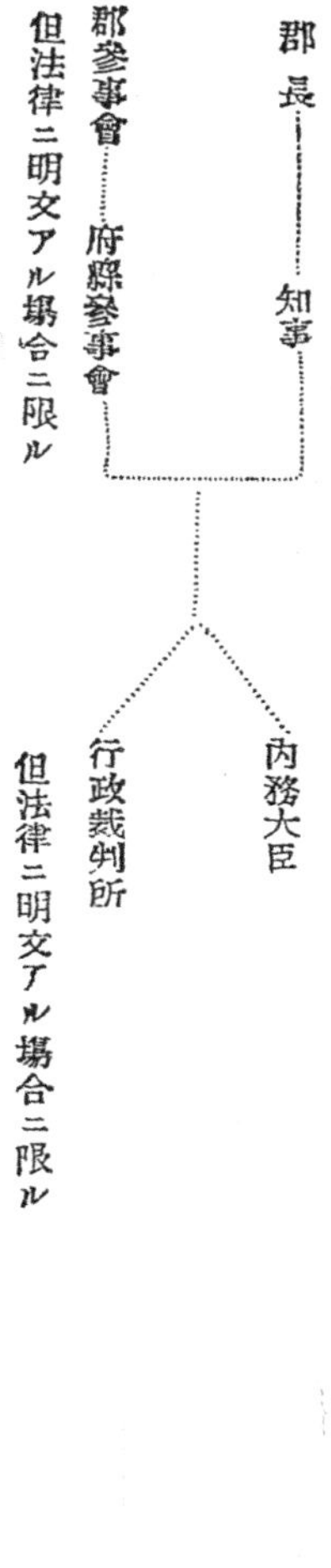

市

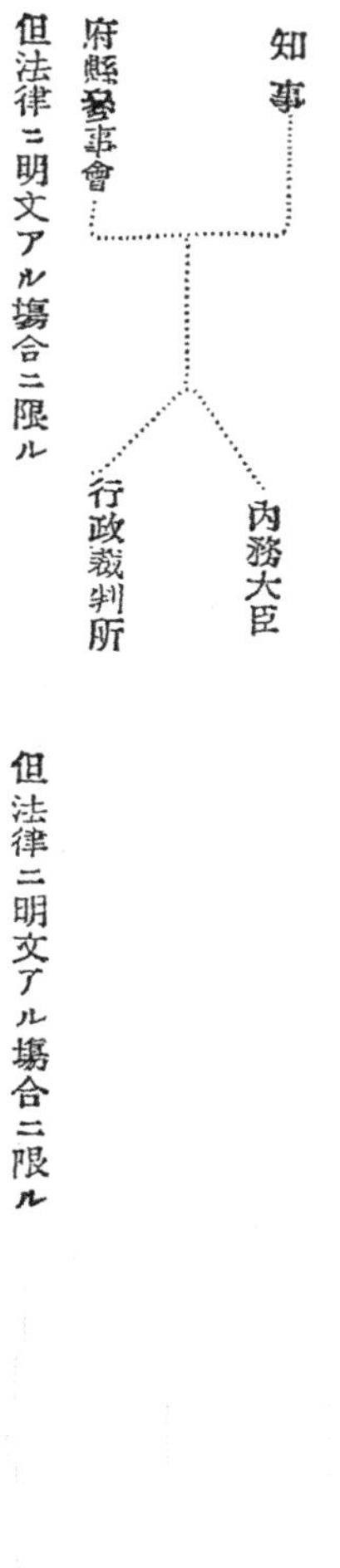

前圖ノ順序ハ必履行セサル可カラサルモノニシテ內務大臣ニ訴願シ又ハ行政裁判所ニ出訴セントスルニハ必其前段ノ順序ヲ經由シタル後ニ在ル可キモノトス（完）

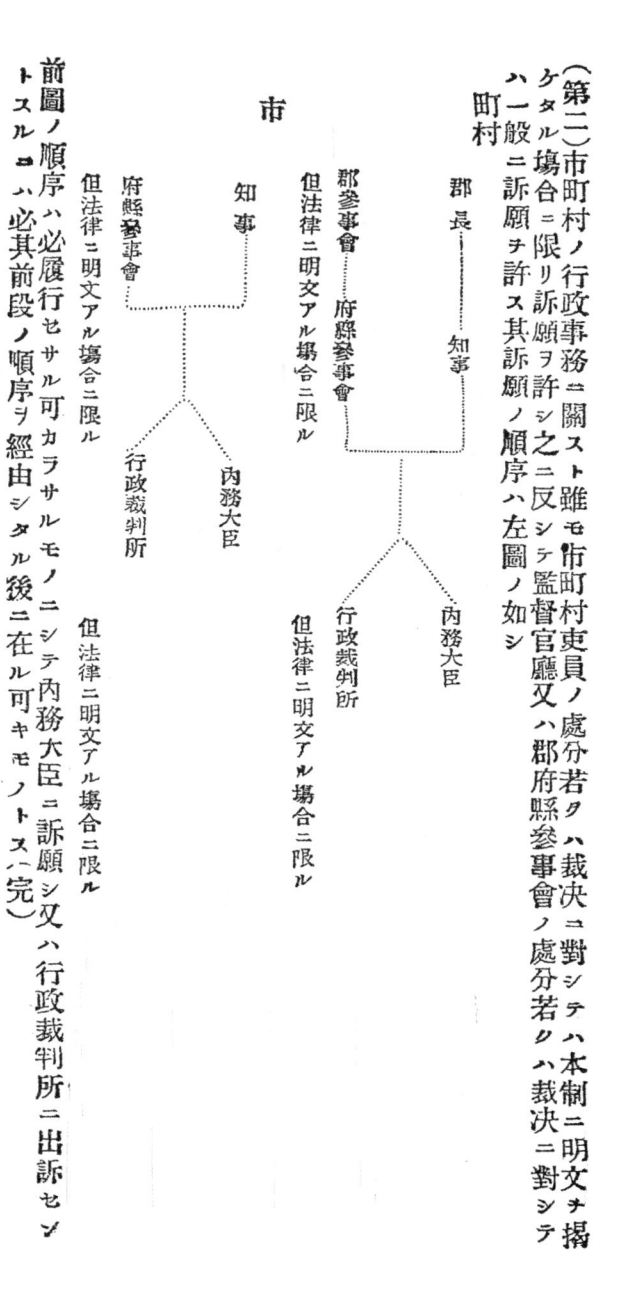

明治二十一年五月十七日印刷
仝　年五月廿一日御届

京橋區木挽町一丁目六番地
發行者　萬字堂淺井政光

印刷者　警視廳監獄石川島分署

大賣捌所
東京日本橋區新葭町　艮明堂
東京小網町　信文堂
東京神田淡路町　巖々堂
東京佐柄木町　指金堂
東京日本橋區本石町　東海堂

高橋五郎著

漢英對照 いろは辭典 全部完成及第二回豫約廣告

大本假製五册。語數凡七萬。圖誌五百。紙數一千二百ページ。豫約金三圓八十錢。定價金五圓五十錢（本製本ナレハ二十五錢増シ）

豫約日限一日モ相違セズ

此辭典ハ昨年十二月ヨリ本月迄豫約法ヲ以テ五回ニ出版シ本月三十日第五冊出版**完成**ニ至ル（但條例ヲ遵奉シテ五月十日ヨリ頒布ス）此レ畢竟本書ノ好評ヲ博シタルト豫約諸君ノ信用ヲ得印刷部數ノ夥多ナルトニヨレリ今般第二回豫約トシテ一千五百部ヲ限リ三圓八十錢ノ低價ヲ以テ發賣ス若シ日限經過スルカ又ハ滿員ニ至リタルトキハ**普通賣價ニ引上クルモノトス**

○本辭典ハ如何ナル事情アルモ口實ヲ設ケ一度引上タル賣價ヨリ低廉スルコトナシ○本辭典ニ付別ニ手前勝手ノ効能書ヲ付セス唯左ニ五大新聞二大雜誌ノ批評及見本ヲ掲載メ御參考ニ供ス

豫約一千五百部限●御入用ノ方ハ六月三十日限代金相添ヘ御申込ミ有レハ五月十日ヨリ送本ス　送本賃ハ東京府下ヲ除キ總テ先拂トス・●代金ヲ郵便切手ニテ代用ノ向ハ豫約金ノ一割増トス●一手ニ拾部以上豫約ノ方ヘハ豫約定價ノ五分引一拾部以上ハ一割引トス●豫約金三ケ月賦又ハ五ケ月賦ニ御送付有之モ宜シ●假製本ナレハ毎冊送本シ本製ナレハ全額領收ノ後送本ス●郵券二錢送付有レハ此見本方法書ヲ呈ス

明治二十一年四月三十日

見本

漢英對照
いろは辭典

A JAPANESE ALPHABETICAL
DICTIONARY
—WITH—
CHINESE AND ENGLISH EQUIVALENTS

い　　ゐ

い　イ,伊,以. 五母韻の一にして「くすつぬふむゆるう」の九父音と合して「きしちにひみ依りゐ」の九音を生ず五十韻圖に於ては首行の第二段に位す　1. One of the fifty sounds of the japanese *kana* or syllabary; and the first letter on the japanese alphabet.

ゐ　井,爲,猪.「う」の父音と「い」の母韻と合して生ずる音なり五十韻の末行の第二段に位す
wi, generally pronounced i.　One of the fifty sounds of the japanese *kana* or syllabary.

い(名) 意;こころ,こゝろばせ Mind; idea; meaning, signification; *technically*, will.

い;—する(名他) 醫, くすし;いやすこと, いやす なほす　A physician; cure; to heal,cure.

い(名) 膽,きも Gall, bile.

ゐ(名) 井,ゐど(水汲む穴)　A well.

ゐ(名) 蝟,はりねずみ,けはりねずみ A hedgehog.

ゐ(名) 威,いきほひ power, authority; dignity, majesty.

ゐ(名) 鮪,しび,金鎗魚 (動物) Thynus sibi.

ゐ(名) 葦,よし,あし(植物)A reed,or rush.

ゐ(名) 猪, 豕, ぶた (動物) A hog, pig.

ゐ(名) 胃,くろふくろ,ゐぶくろ Stomach.

ゐ(名) 藺, 莞, 燈心草, 石龍芻 (植物) A rush, juncus communis.

ゐ(名)胃,宿胃,にきへぼし(二十八宿の一) One of the 28 constellations, the three large stars in Musca borealis.　(胃の圖)

いい(副形) 依依(うれふる貌又わかやかにさかんなる貌) Sorrowfully; melancholy; young and green; thriving

いい(する)(自)　倚依,依倚,たよる,よりたのむ To trust, depend or rely on.

いい(副形) 怡怡(よろこぶ貌) gladly, joyfully; rejoicing.

いい(副形) 漪漪, きらきら,さざめく(さざなみたつ貌) Brightly; shining, rippling.

いい(俗)(形)　好, よい, 良, 善; 美, 佳 Good; beautiful.

いい(名) 薏苡(よくい),すずだま(植物) job's tears.

いい(副形)猗猗,うるはしき,さかん Beautifully; luxuriant.

いゐ(する)(自) 依違,ためらふ(どちらへも附かぬ) To hesitate, to be in quandary.

(いゐ) 以謂, 以爲, おもふ, おもへらく To think; to regard.

いゐ(名) 蛜蝛, 鼠姑, ねずみのめ, 鼠婦 (動物) The Sow-bug.

ゐい(副形) 逶迤, よろよろ, よろめく;まがる; いばる　Tottering, reeling; tortuous; waddling.

ゐい(名) 遺意,(死者の生前の思意) The will or desire of a deceased person.

ゐい(名)韋衣,かはごろも A leather coat.

ゐい井伊(氏) Ii (a family name).

刑法對照

若松 池上三郎編纂

（定價金壹圓）

佛國刑法

前加規則

第一條 法律上ニテ警察違戾ノ犯ヲ治スルノ刑ヲ用ヒ罰スル罪ヲ註誤ト云フ
法律上ニテ懲治ノ刑ヲ用ヒ罰スル罪ヲ輕罪ト云フ
法律上ニテ施體又ハ加辱ノ刑ヲ用ヒ罰スル罪ヲ重罪ト云フ

新律綱領
改定律例

名例律上

五刑

笞刑五

一十 二十 三十 四十
五十

凡笞ハ數一十ニ起リ五十ニ止ル倘シ罪笞五十ヨリ重キ者ハ笞ヲ出シ杖ニ從ヒ以テ輕重ノ衡ヲ別ツ

杖刑五

六十 七十 八十 九十
一百

凡杖ハ六十ニ始リ一百ニ止ル蓋シ頑梗弗率ノ徒恥心已ニ冥シ笞以テ其懼心ヲ動ス可キニ非ス故ニ杖ニ入レ以テ警ヲ示ス

徒刑五（本項ハ改定刑法第二十二條ノ對比ニ讓ル）

改定刑法

第一編 總則

第一章 法例

第一條 凡法律ニ於テ罰ス可キ罪別テ三種ト爲ス
一 重罪
二 輕罪
三 違警罪

地方自治法研究復刊大系〔第235巻〕

市制町村制 並 理由書〔明治21年初版〕

日本立法資料全集 別巻 1045

2017（平成29）年10月25日　復刻版第1刷発行　7645-9:012-010-005

編　者　萬　字　堂

発行者　今　井　貴
　　　　稲　葉　文　子

発行所　株式会社信山社

〒113-0033 東京都文京区本郷6-2-9-102東大正門前
Ⓣ03（3818）1019　Ⓕ03（3818）0344

来栖支店〒309-1625 茨城県笠間市来栖2345-1
Ⓣ0296-71-0215　Ⓕ0296-72-5410

笠間才木支店〒309-1611 笠間市笠間515-3
Ⓣ0296-71-9081　Ⓕ0296-71-9082

印刷所　ワイズ書籍

製本所　カナメブックス

用　紙　七洋紙業

printed in Japan　分類 323.934 g 1045

ISBN978-4-7972-7645-9 C3332 ¥20000E